趙爾巽等撰

清史稿

第一〇册

卷八二至卷九三（志）

中華書局

清史稿卷八十二

志五十七

禮一 吉禮一

自虞廷修五禮，兵休刑措。天秩雖簡，鴻儀實容。沿及漢、唐，訖乎有明，救敝興雅，咸依爲的。煌煌乎，上下隆殺以節之，吉凶哀樂以文之，莊恭誠敬以贊之。縱其間淳澆世殊，要莫不弘亮天功，雕刻人理，隨時以樹之範。故羣甿蒸蒸，必以得此而後足於憑依，洵品彙之璣衡也。斟之酌之，損之益之，修明而講貫之，安見不可與三代同風！

世祖入關，順命創制，規模閎遠。順治三年，詔禮臣參酌往制，勒成禮書，爲民軌則。聖祖歲御經筵，纂成日講禮記解義，敷陳雖出羣工，闡繹悉遵聖訓。高宗御定三禮義疏，網羅議禮家言，折衷至當，雅號鉅製。若皇朝三通、大清會典，其經緯禮律，尤見本原。

至於專書之最著者：一曰大清通禮，乾隆中撰成，道光年增修；一曰皇朝禮器圖式，曰祭器、曰儀器、曰冠服、曰樂器、曰鹵簿、曰武備；一曰滿洲祭神祭天典禮，其始關外啓華，崇祭天神暨羣祀祖禰，意示從儉。凡所紀錄，悉用國語、國書。入關後，有舉莫廢。逮高宗時，依據清文，譯成四卷。祭期、祭品、儀注、祝辭。與夫口耳相傳，或小有異同者，並加釐訂，此國俗特殊之祀典也。德宗季葉，設禮學館，博選耆儒，將有所綴述。大例主用通禮，仿江永禮書例，增曲禮一目。又仿宋太常因革禮例，增廢禮、新禮二目，附後簡。未及編訂，而政變作矣。

其祀典之可稽者，初循明舊，稍稍褎益之。堂子之祭，雖於古無徵，然昭假天神，實近類祀。康熙間，以禁中祭上帝、大享殿合祀天地日月及羣神、太廟階下合祭五祀非古制，詔除之。又罷禘祭，專行祫祭。高宗修雩祀，廢八蜡，建兩郊壇宇，定壇廟祭器，舉廢一惟其宜。宣宗遺命罷郊配祔廟，文宗限以五祖三宗，慮至深遠。穆宗登遐，禮臣援奉先殿增龕座例，主升祔。議者病簡略，然亦迫於勢之不容已耳。光緒間，依高宗濮說辨，稱醇親王爲本生考，立廟別邸，祀以天子禮。恩義兼盡，度越唐、明遠矣。

若夫郊廟大祀，無故不攝，誠敬仁孝，永垂家法，尤舉世所推。今爲考諸成憲，循五禮序，條附支引，凡因襲變創，所以因時而制宜者，悉臚其要於編。

壇壝之制　神位祭器祭品玉帛牲牢之數　祀期　齋戒　祝版
祭服　祭告　習儀　陪祀

五禮，一曰吉禮。凡國家諸祀，皆屬於太常、光祿、鴻臚三寺，而綜於禮部。惟堂子元日謁拜，立杆致祭，與內廷諸祀，並內務府司之。

清初定制，凡祭三等：圜丘、方澤、祈穀、太廟、社稷爲大祀。天神、地祇、太歲、朝日、夕月、歷代帝王、先師、先農爲中祀。先醫等廟，賢良、昭忠等祠爲羣祀。乾隆時，改常雩爲大祀，先蠶爲中祀。咸豐時，改關聖、文昌爲中祀。光緒末，改先師孔子爲大祀，殊典也。天子祭天地、宗廟、社稷。有故，遣官告祭。中祀，或親祭、或遣官。羣祀，則皆遣官。

大祀十有三：正月上辛祈穀，孟夏常雩，冬至圜丘，皆祭昊天上帝；夏至方澤祭皇地祇；四孟享太廟，歲暮祫祭；春、秋二仲，上戊，祭社稷；上丁祭先師。中祀十有二：春分朝日，秋分夕月，孟春、歲除前一日祭太歲、月將，春仲祭先農，季祭先蠶，春、秋仲月祭歷代帝王、關聖、文昌。羣祀五十有三：季夏祭火神，秋仲祭都城隍，季祭礮神。春冬仲月祭先醫，春、秋仲月祭黑龍、白龍二潭暨各龍神，玉泉山、昆明湖河神廟、惠濟祠，暨賢良、昭忠、雙忠、獎忠、褒忠、顯忠、表忠、旌勇、睿忠親王、定南武壯王、二恪僖、弘毅文襄勤襄諸公等祠。其北極佑聖眞君、東嶽都城隍，萬壽節祭之。亦有因時特舉者，視學釋奠先師，獻功釋奠太學，御經筵祗告傳心殿。其嶽、鎭、海、瀆，帝王陵廟，先師闕里，元聖周公廟，巡幸所蒞，或親祭，或否。遇大慶典，遣官致祭而已。各省所祀，如社稷，先農，風雷，境內山川，城隍，厲壇，帝王陵寢，先師，關帝，文昌，名宦、賢良等祠，名臣、忠節專祠，以及爲民禦災捍患者，悉頒於有司，春秋歲薦。至親王以下家廟，祭始封祖並高、曾、祖、禰五世。品官逮士庶人祭高、曾、祖、禰四世。其餘或因事，或從俗，第無悖於祀典，亦在所不禁。此其概也。

若夫壇壝神位，祭獻品物，齋戒告虔，及一切度數節文，詳其異同，識其顚末，無遺無複，庶覽者可考而知已。

壇壝之制　天聰十年，度地盛京，建圜丘、方澤壇，祭告天地，改元崇德。天壇制圓，三成，上成九重，週一丈八尺；二成七重，週三丈六尺；三成五重，週五丈四尺：俱高三尺。垣週百十有三丈。地壇制方，二成，上成方六丈，高二尺；下成方八丈，高二尺四寸。垣週百三十有三丈。制甚簡也。世祖奠鼎燕京，建圜丘正陽門外南郊，方澤安定門外北郊，規制始拓。圜丘南嚮，三成，上成廣五丈九尺，高九尺；二成廣九丈，高八尺一寸；三成廣十有二丈，高如二成。甃磚合一九七五陽數。陛四出，各九級。欄楯柱覆青琉璃。內壝圓，週九十七丈七尺五寸，高八尺一寸。四面門各三，門柱各二。燔柴爐、瘞坎各一。外壝方，週二百四丈八尺五寸，高九尺一寸。四門如內壝。北門後爲皇穹宇，南嚮，制圓。八柱環轉，重檐金頂。基週十三丈七寸，高九尺。陛三出，級十有四。左右廡各五楹，陛一出，七級。殿廡覆瓦俱青琉璃。圍垣週五十六丈六尺八寸，高丈有八寸。南設三門。外壝門外北神庫、神廚各五楹，南嚮。井亭一。其東爲祭器、樂器、樅薦諸庫。又東爲井亭、宰牲亭。壇內垣北圓，餘皆方。門四：東泰元，南昭亨，西廣利，北成貞。成貞北爲大享殿。壇圓，南嚮。內外柱各十有二，中龍井柱四。金頂，檐三重，覆青、黃、綠三色琉璃。基三成，南北陛三出，東西陛一出，上二成各九級，三成十級。東西廡二重，前各九楹，後各七楹。前爲大享門，上覆綠琉璃，前後三出陛，各十有一級。東南燔柴爐、瘞坎，制如圜丘。內壝週百九十丈七尺二寸。門四，北門後爲皇乾殿，南嚮，五楹，覆青琉璃。陛五出，各九級。東甎門外長廊七十二，聯檐通脊，北至神庫、井亭。又東北宰牲亭，薦俎時避雨雪處也。壝外圍垣東、西、北各有門，南接成貞。又西北曰齋宮，東嚮，正殿五楹，陛三出，中級十有三，左右各十五。左設齋戒銅人，右設時辰牌。後殿五楹，左右配殿各三楹。內宮牆方百三十三丈九尺四寸。中三門，左右各一。環以池，跨石梁三。東北鐘樓一，外宮牆方百九十八丈二尺二寸，池梁如內制。廣利門外西北爲神樂觀，東嚮。中凝禧殿，五楹。後顯佑殿，七楹。西爲犧牲所，南嚮。又西爲鐘樓，其大享殿圍垣南接圜丘，東、西轉北爲圓形。內垣高一丈一尺，址厚九尺，頂厚七尺，週千二百八十六丈一尺五寸。外垣高一丈一尺五寸，址厚八尺，頂厚六尺，週千九百八十七丈五尺。西嚮門二，南北並列焉。乾隆八年，修齋宮，改神樂觀爲所。十二年，修內外垣，改築圜丘，規制益拓。上成徑九丈，二成十五丈，三成二十一丈，一九三五三七，皆天數也。通三成丈四十有五，符九五義。量度準古尺，當營造尺八寸一分，又與九九數合。壇面甃甎九重，上成中心圓面，外環九重，甎數一九累至九九。二三成以次遞加。上成每面各十有八，二成各二十七，三成各四十五，並積九爲數，四乘之，綜三百有六十，以應周天之度。其高上成五尺七寸，二成五尺二寸，三成五尺。欄、柱、階級並準今尺。古今尺度贏縮稍差，用九則一。復改壇面爲艾葉青石，皇穹宇臺面墁青白石，大享殿外壇面墁金甎。壇內殿宇門垣俱青琉璃。十六年，更名大享殿曰祈年。覆檐門廡壇內外壝垣並改青琉璃，距壇遠者如故。尋增天壇外垣南門一，內垣鐘鼓樓一，嗣是祭天壇自新南門入，祭祈年殿仍自北門入。二十年，改神樂所爲署。五十年，重建祈穀壇配殿。光緒十五年，祈年殿災，營度仍循往制云。

方澤北嚮，週四十九丈四尺四寸，深八尺六寸，寬六尺，祭日中貯水。二成，上成方六丈，二成方十丈六尺，合六八陰數。壇面甃黃琉璃，每成陛四出，俱八級。二成南列嶽鎭五陵山石座，鏤山形；北列海瀆石座，鏤水形：俱東西嚮。內壝方二十七丈二尺，高六尺，厚二尺。正北門三，石柱六。東、西、南門各一，石柱二。北門外西北瘞坎一。外壝方四十二丈，高八尺，厚二尺四寸。門制視內壝。南門後皇祇室，五楹，北嚮。垣週四十四丈八尺，高一丈一尺。正門一，外壝西門外，神庫，神廚，祭器、樂器諸庫，井亭，宰牲亭在焉。西北曰齋宮，東嚮。正殿七楹，陛五出，中九級，左右俱七級；南北陛一出，各七級。左右配殿各七楹。宮牆週百有十丈二尺。門三，東嚮。東北鐘樓一。壇內垣週五百四十九丈四尺，北、西門各三，東、南門各一。外垣週七百六十五丈。西嚮門三。雍正八年，重建齋宮，制如舊。乾隆十四年，以皇祇室用綠瓦乖黃中制，諭北郊壇甎壝瓦改用黃。明年，改築方澤墁石，壇面制視圜丘。上成石循前用六六陰數，縱橫各六，爲三十六。其外四正四隅，均以八八積成，縱橫各二十四。二成倍上成，八方八八之數，半徑各八，爲六八陰數，與地耦義符。尋建東、西、南壝門外南、北瘞坎各二。又天、地二壇，立陪祀官拜石如其等。

闕右社稷壇，制方，北嚮。二成，高四尺。上成方五丈，二成方五丈三尺。陛四出，各四級。上成土五色，隨其方覆之。內壝方七十六丈四尺，高四尺，厚二尺，飾色如其方。門四，柱各二。壝西北瘞坎二。北拜殿，又北戟門，楹各五，陛三出。外列戟七十二，其西南神庫、神廚在焉。壝垣週百五十三丈四尺，覆黃琉璃。北三門，東、西、南各一門。西門外宰牲亭一、井一。西南爲奉祀署。壇東北正門一，左右門各一，俱東嚮，直闕右門，乘輿躬祭所出入也。東南爲社稷街。乾隆二十一年，徙瘞坎壇外西北隅。舊制壝垣用五色土，至是改四色琉璃甎瓦。各省社稷壇高二尺一寸，方廣二丈五尺，制殺京師十之五云。

朝日壇在朝陽門外東郊，夕月壇在阜成門外西郊，俱順治八年建。制方，一成，陛四出。日壇各九級，方五丈，高五尺九寸。圓壝，週七十六丈五尺，高八尺一寸，厚二尺三寸。壝垣前方後圓，週二百九十丈五尺。月壇各六級，方四丈，高四尺六寸。方壝，週九十四丈七尺，高八尺，厚二尺二寸。壝垣週二百三十五丈九尺五寸。兩壇具服殿制同。燎爐，瘞坎，井亭，宰牲亭，神庫，神廚，祭器、樂器諸庫咸備。其牌坊曰禮神街。雍正初，更名日壇街曰景升，月壇街曰光恆。乾隆二十年，修建壇工，依天壇式。改內垣土牆甃以甎，其外垣增舊制三尺。光緒中，改日壇面紅琉璃，月壇面白琉璃，幷覆金甎。

天神、地祇、先農三壇制方，一成，陛皆四出，在正陽門外。先農壇位西南，週四丈七尺，高四尺五寸。東南爲觀耕臺，耕耤時設之。前耤田，後具服殿。東北神倉，中廩制圓。前收穀亭，後祭器庫。內垣南門外，神祇壇在焉。神壇位東，方五丈，高四尺五寸五分。北石龕四，鏤雲形，分祀雲、雨、風、雷。祇壇位西，廣十丈，縱六丈，高四尺。南石龕五，鏤山水形。分祀嶽、鎭、海、瀆。二壇方壝，俱週二十四丈，高五尺五寸。正門分南、北，餘如日、月壇。又內垣東門外北齋宮，五楹，後殿，配殿，茶、膳房具焉。乾隆時，更命齋宮曰慶成宮。壇外垣週千三百六十八丈。南、北門二，東嚮，南入先農壇，北入太歲殿。殿七楹，東、西廡各十有一。其前曰拜殿，燎爐一。

先蠶壇，乾隆九年，建西苑東北隅，制視先農。徑四丈，高四尺，陛四出。殿三楹，西嚮。東采桑臺，廣三丈二尺，高四尺，陛三出。前爲桑園臺，中爲具服殿，爲繭館，後爲織室。有配殿，環以宮牆。牆東浴蠶河，跨橋二。橋東蠶署三，蠶室二十七，俱西嚮。外垣週百六十丈，各省先農壇高廣視社稷，餘如制。

神位、祭器、祭品、玉、帛、牲牢之數　神位，圜丘第一成，正位昊天上帝，南嚮。配位八，首太祖訖宣宗，東西嚮。凡位皆施幄。第二成從位，東大明，次星辰。西夜明，次雲、雨、風、雷。常雩如冬至、大祀、大雩，有從無配。祈穀位次視圜丘第一成，無幄。方澤第一成，正位皇地祇，北嚮，配列祖、列宗，東西嚮。第二成從位，東五嶽，啓運、隆業、永寧三山，次四海。西五鎭，天柱、昌瑞二山，次四瀆。因事祇告天地，不設配從位。順治十七年，合祀大享殿，其正位左天帝，右地祇，南嚮。東太祖，西太宗，配之。從祀十二壇，大明位東，星辰、五嶽、啓運、四海、太歲、名山大川次之。夜明位西，雲、雨、風、雷、五鎭、天柱、隆業、四瀆、帝王、天下神祇次之。社稷壇中植石主，別設神牌，正位。東大社，西大稷。北嚮。東配后土句龍氏，西后稷氏。無幄。壇下龕用木。日壇東大明，無幄。月壇正位夜明，配北斗二十八宿、周天星辰，共一幄。天神壇正中，左雲師，次風伯，右雨師，次雷師，南嚮。地祇壇正中五嶽，右五鎭，次四海，左五陵，次四瀆，北嚮。右旁京師山川，左旁天下山川。無幄。各省府、州、縣神祇位次，正中雲、雨、風、雷，左山川，右城隍。其郊壇神位，皇穹宇、皇乾殿、皇祇室奉之。神祇、社稷、日月神位，神庫奉之，祭時並移壇所。太廟、奉先殿神牌置寢室龕位，祭時移前殿寶座。至傳心殿、歷代帝王、先師各廟龕位，或分或合，無恆制。

祭器，圜丘正位，爵三，登一，簠、簋二，籩、豆十，篚、俎、尊各一，配從同。惟大明、夜明琖三十，夜明鉶皆二，雲、雨、風、雷視夜明。常雩如冬至、大祀、大雩，正、從位俱籩六、豆二，告祭正位同。方澤祈穀壇正、配位，暨方澤從位，並視圜丘。琖、鉶視夜明。太廟時享，帝、后同案，俱爵三，簠、簋二，籩、豆十有二，登、鉶、篚、俎各一。尊前後殿同。祫祭如時享，東廡每案爵三，簠、簋二，籩、豆十，鉶、篚、俎各一，尊共八案，分二座，爵、鉶倍之。西廡同，惟簠、簋一，籩、豆四。告祭，中、後殿俱籩六，豆二。社稷壇大社、大稷，俱玉爵一，陶爵二，登、篚、俎、尊各一，鉶、簠、簋各二。配位同，惟爵皆用陶。祈告，籩六，豆二。直省祭社稷，爵六，鉶一，籩、豆四，簠、簋、篚、俎、尊各一，如大社稷。日壇、月壇、先農、先蠶壇，俱爵三，㦸三十，籩、豆十，鉶、簠、簋各二，登、篚、俎、尊各一。直省祭先農如祭社稷。天神壇四案，凡祈祀爵共十二，各用籩六、豆二、尊一、篚一。地祇壇如之，惟案七共爵二十七耳。報祀神祇，每案與日壇同，惟無㦸。直省祭神祇，爵三，籩、豆四，鉶、簠、簋各二，篚、俎、尊各一。時巡祭嶽鎭、海瀆同。報祀增鉶一，因事遣祭仍用二。餘同。有司致祭無登、㦸。太歲殿準先農，報祀亦如之。祈祀，籩六、豆二，不羞俎。先師正位視圜丘，惟用鉶二。四配視正位，惟用籩、豆八，無登。十二哲位，各爵三，鉶一，簠、簋一，籩、豆四，篚、俎、尊共用二。兩廡二位同案，位一爵，凡獻爵六，共篚二，尊、俎俱各六，簠、簋各一，籩、豆各四。視學、釋奠同。

乾隆三十三年，頒內府周鼎、尊、卣、罍、壺、簠、簋、觚、爵各一，陳列大成殿，用備禮器。崇聖祠正位五案，案設爵三，籩、豆八，鉶、簠、簋各二，篚、俎、尊各一。配位五案，設爵三，籩、豆四，鉶、篚、簠、簋各一，共俎二，尊二。兩廡三案，案各與配位同，惟共篚爲二。

光緒三十二年，增先師正位籩、豆爲十二，崇聖祠籩、豆爲十，闕里、直省文廟暨崇聖祠祭器視太學。歷代帝王正位十六案，案設爵三，登一，鉶、簠、簋各二，籩、豆十，篚一，共俎七，尊七。兩廡配位二十案，案設爵十二，鉶二，籩、豆四，簠、簋、篚各一，共俎四，尊四。傳心殿正位九案，案設爵、尊各三，鉶、篚各一，籩、豆二。配位二案，案設爵三，籩、豆二；鉶、篚、尊各一。關帝、文昌帝君俱爵三，籩、豆十，鉶、簠、簋各二，、登、篚、俎、尊各一，惟後殿籩、豆八。各省準京式。先醫三皇位，位設爵三，籩、豆十，簠、簋、篚、俎、尊各一。兩廡六案，案設簋、簠一，篚、尊各二，籩、豆四，共爵六。都城隍爵三，籩、豆十，鉶、簠、簋各二，篚、俎、尊各一。火神、東嶽廟，俱果盤五，篚、俎、尊各一。黑龍潭、玉泉山、昆明湖各龍神祠、惠濟祠、河神廟俱三案，案設爵三，簠、簋二，籩、豆十，篚、俎、尊各一。

初沿明舊，壇廟祭品遵古制，惟器用瓷。雍正時，改笵銅。乾隆十三年，詔祭品宜法古，命廷臣集議，始定制籩編竹，絲絹裏，髹漆。郊壇純漆，太廟采畫。其豆、登、簠、簋，郊壇用陶，太廟惟登用之，其他用木，髹漆，飾金玉。鉶笵銅飾金。尊則郊壇用陶。太廟春犧尊、夏象尊、秋著尊、冬壺尊，祫祭山尊，均笵銅。祀天地爵用匏，太廟玉，兩廡陶。社稷正位，玉一陶二。配位純陶。又豆、登、簠、簋、鉶、尊皆陶。日、月、先農、先蠶亦如之。帝王、先師、關帝、文昌及諸祠，則皆用銅。凡陶必辨色，圜丘、祈穀、常雩青，方澤、社稷、先農黃，日壇赤，月壇白。太廟陶登，黃質采飾，餘俱白。盛帛用竹篚，髹色如其器。載牲用木俎，髹以丹漆。毛血盤用陶，色亦如其器。嘉慶十九年，定太廟簠、簋、豆與凡祭祀竹籩，三歲一修。光緒三十二年，先師爵改用玉。

祭品，凡籩、豆之實各十二，籩用形鹽、藁魚、棗、栗、榛、菱、芡、鹿脯、白餅、黑餅、糗餌、粉餈，豆用韭菹、醓醢、菁菹、鹿醢、芹菹、兔醢、筍菹、魚醢、脾析、豚拍、酏食、糝食。用十者，籩減糗餌、粉餈，豆減酏食、糝食。用八者，籩減白、黑餅，豆減脾析、豚拍。用四者，籩止實形鹽、棗、栗、鹿脯，豆止實菁菹、鹿醢、芹菹、兔醢。籩六者，用鹿脯、棗、榛、葡萄、桃仁、蓮實。豆二者，止用鹿醢、兔醢。登一，太羹。鉶二，和羹。簠二，稻、粱。簋二，黍、稷。

玉、帛、牲牢：玉六等，上帝蒼璧，皇地祇黃琮，大社黃珪，大稷青珪，朝日赤璧，夕月白璧。舊制，社稷壇春秋常祀用玉，禱祀則否。乾隆三十四年，會天旱禱雨，諭曰：「玉以芘蔭嘉穀，俾免水旱偏災，特敕所司用玉將事。」自此爲恆式。帛七等：曰郊祀制帛，南北郊用之。上帝青十二，地祇黃一。曰禮神制帛，社稷以下用之。社稷黑四，大明赤一，夜明白一，日月同。星辰斗宿白七，青、赤、黃、黑各一。天神、雲、雨、風、雷，青、白、黃、黑各一，方澤從位，嶽鎭各五，五色。五陵山白五。四海隨方爲色。四瀆黑四。地祇黃二，青、赤各三，黑七、白十二。先農、先蠶俱青一，先師正、配位，十二哲，兩廡，崇聖祠正位，東、西廡，俱各一用白。帝王各位、關帝、文昌正位、後殿，太歲正位，北極佑聖眞君、東嶽都城隍亦如之。惟先醫正位三，崇聖配位四，太歲兩廡十二，火神赤一。曰告祀制幣，祈報祭告用之。祈穀、雩祀、告祀圜丘俱青一，祭告方澤黃一。曰奉先制幣，郊祀配位、太廟用之，圜丘、方澤配位各一，太廟帝后每位一。曰展親制幣，親王配饗用之，太廟東廡位各一。曰報功制幣，功臣配饗用之，太廟西廡位各一。三者俱白，昭忠等祠同，並織滿、漢文字。曰素帛，帝王廟兩廡位各一，先醫廟兩廡共四，餘祀亦尚素。牲牢四等：曰犢，曰特，曰太牢，曰少牢。色尚騂或黝。圜丘、方澤用犢，大明、夜明用特，天神、地祇、太歲、日、月、星辰、雲、雨、風、雷、社稷、嶽鎮、海瀆、太廟、先農、先蠶、先師、帝王、關帝、文昌用太牢。太廟西廡，文廟配哲、崇聖祠、帝王廟兩廡，關帝、文昌後殿，用少牢。光緒三十二年，崇聖正位改太牢。直省神祇、社稷、先農、關帝、先醫配位曁羣祀用少牢。火神、東嶽、先醫正位，都城隍，皆太牢。太牢：羊一、牛一、豕一，少牢：羊、豕各一。

大祀入滌九旬，中祀六旬，羣祀三旬。大祀天地，前期五日親王視牲，二日禮部尚書省牲，一日子時宰牲。帝祭天壇，前二日酉時宰之，太廟、社稷、先師前三日，中祀前二日。禮部尚書率太常司省牲，前一日黎明宰牲。惟夕月屆日黎明宰之。令甲，察院、禮部、太常、光祿官監宰，羣祀止太常司行。乾隆十七年，定大祀、中祀用光祿卿監宰。初，郊壇大祀，帝前期宿齋宮，視壇位、籩豆、牲牢。乾隆七年，更定前一日帝詣圜丘視壇位，分獻官詣神庫視籩豆，神廚視牲牢。尋定視壇位日，親詣皇穹宇、皇乾殿上香。故事，省視籩豆牲牢，或臨視，或否。三十五年，定遣官將事，自後以爲常。

祀期　郊廟祭祀，祭前二歲十月，欽天監豫卜吉期。前一歲正月，疏卜吉者及諸祀定有日者以聞。頒示中外。太常寺按祀期先期題請，實禮部主之。世祖纘業，詔祭祀各分等次，以時致祭。自是大祀、中祀、羣祀先後規定祀期，著爲例。嘉慶七年，復定大、中祀遇忌辰不改祀期。咸豐中，更定關帝、文昌春秋祀期不用忌辰。其祭祀時刻，順治十三年，詔祭天、地五鼓出宮，社稷、太廟並黎明。康熙十二年，依太宗舊制，壇廟用黎明，夕月用酉時。嘉慶八年，諭祭祀行禮，當在寅卯間，合禮經質明將事古義。凡親行大祀，所司定時刻，承祭官暨執事陪祭者祗候，率意遲早者，御史糾之。

齋戒　順治三年，定郊祀齋戒儀。八年，定大祀三日、中祀二日公廨置齋戒木牌。祀前十日，錄齋戒人名册致太常，屆日不讞刑獄，不宴會，不聽樂，不宿內，不飲酒、茹葷，不問疾、弔喪，不祭神、掃墓。有疾與服勿與。大祀、中祀，太常司進齋戒牌、銅人置乾清門黃案。大祀前三日，帝致齋大內，頒誓戒。辭曰：「惟爾羣臣，其蠲乃心、齊乃志，各揚其職。敢或不共，國有常刑。欽哉勿怠！」前祀一日，徹牌及銅人送齋宮，帝詣壇齋宿。十四年祀圜丘，致齋大內二日，壇內齋宮一日。陪祭官齋於公署，圜丘齋於壇。

雍正五年，遣御史等赴壇檢視。九年，詔科道遇祀期齋戒。明年，仿明祀牌制製齋牌，敕陪祭官懸佩，防褻慢。乾隆四年，禮臣奏，郊壇大祀，太常卿先期四日具齋戒期，進牌及銅人置乾清門二日、齋宮一日。太廟、社稷，置乾清門三日。中祀，前三日奏進，置乾清門二日。幷祭日徹還。后饗先蠶，奏進亦如之。惟由內侍置交泰殿三日。

七年，定郊祀致齋，帝宿大內二日，壇內齋宮一日。王公居府第，餘在公署，俱二日。赴壇外齋宿一日。若遣官代祭，王公不與。祭太廟、社稷，王公百官齋所如前儀，俱三日。祭日、月、帝王、先師、先農，王公齋二日，遣代則否。后饗先蠶，齋二日，公主、福晉、命婦陪祀者，前二日致齋。十二年，詔郊祀、祈穀、大雩，祭日宣誓戒，陪祀者集午門行禮，符古者百官受戒遺意。既有司具儀上，行之。尋罷。惟嚴敕大臣齋宿公所，領侍衞內大臣等齋宿紫禁城，違則治罪。

初，齋宮致齋鳴鼓角，十四年諭云：「齋者耳不聽樂，孔子曰：『三日齋，一日用之，猶恐不敬，』二日伐鼓何居？『言不敢散其志也。吹角鼓鼙，以壯軍容，於義未協，不當用也。」遂寢。十九年，敕羣臣書制辭於版，前期三日，陳設公堂，俾有所警。嘉慶十三年，諭誡齋戒執事暨查齋監禮者，循舊章，肅祀典。宣統初，監國攝政王代行，帝宮內致齋，停進齋戒牌及銅人。

祝版　以木爲之，圜丘、方澤方一尺五寸，徑八寸四分，厚三分。祈穀壇方一尺一寸，徑一尺，厚如之。太廟後殿方一尺二寸，徑八寸四分。前殿方二尺，徑一尺一寸，厚並同徑。常雩，日、月壇，社稷壇與太廟後殿同。中祀、羣祀方徑各有差。天壇青紙青緣朱書，地壇黃紙黃緣墨書，月壇、太廟、社稷白紙黃緣墨書，日壇朱紙朱書，羣祀白紙墨書不加緣。太常司令祝版官先期標飾，祀前二日昧爽送內閣，授中書書祝辭，大學士書御名，餘祀太常司自繕。

凡親祭，先二日太常卿奏請，前一日閱祝版。圜丘、祈穀、常雩御太和殿，方澤、太廟、社稷御中和殿。祝案居正中少西，案設羊角鐙二，視版日，案左楹東置香亭，右楹西置奉版亭、奉玉帛香亭。屆時太常卿詣乾清門啓奏，帝出宮詣案前。閱畢，行一跪三拜禮。贊禮郎徹褥，寺卿韜版，導帝至香亭前，拜跪如初禮。司祝奉版薦黃亭送祭所，庋神庫。大祀遣代，停止祝版具奏。中祀、羣祀，寺官赴內閣徑請送祭所，不具奏。其視玉、帛、香如閱祝版儀。

祭服　圜丘、祈穀、雩祀，先一日，帝御齋宮，龍袍袞服。屆期天青禮服。方澤禮服明黃色，餘祀亦如之。惟朝日大紅，夕月玉色。王公以下陪祀執事官咸朝服。嘉慶九年，定祀前閱祝版執事官服色制，南郊祈穀、常雩、歲暮祫祭、元旦、萬壽、告祭太廟，蟒袍補褂，罷朝服。社稷、時享太廟，服補服。十一年，諭郊壇大祀若遇國忌，仍御禮服，禮成還宮更素服。十九年，諭郊祀遇國忌，前一日閱祝版，帝服龍袍龍褂，執事官蟒袍補服。大祀、中祀，帝龍褂，執事官補服。著爲令。二十三年，定制大祀齋期遇國忌，悉改常服。中祀則限於承祭官及陪祀、執事官，餘素服如故。二十五年，諭大祀親祭或遣官致祭遇國忌，齋期一依向例，中祀親祭同。其遣官致祭，與執事、陪祀官常服掛珠，否則仍素服。

祭告　凡登極授受大典，上尊號、徽號，祔廟，郊祀，萬壽節，皇太后萬壽節，册立皇太子，先期遣官祗告天地、太廟、社稷。致祭嶽鎭、海瀆、帝王陵寢、先師闕里、先師。改大祀亦如之。大婚册立皇后，祗告天地、太廟。尊封太妃、册封皇貴妃及貴妃，祗告太廟後殿奉先殿。追上尊謚廟號、葬陵，祗告天地、社稷、太廟後殿、奉先殿，並致祭陵寢、后土、陵山。親征命將，祗告天地，太廟，社稷，太歲，火礮、道路諸神。凱旋奏功，祗告奉先殿，致祭陵寢，釋奠先師，致祭嶽鎭、海瀆、帝王陵廟、先師闕里。謁陵、巡狩，並祗告奉先殿，廻鑾亦如之。巡幸所蒞，親祭方嶽。其所未蒞者，命疆臣選員徧祭嶽、鎭、海、瀆、所過名山大川。

其祭文香帛，遣使自京齎送。帝王陵寢、聖賢忠烈暨名臣祠墓，凡在三十里內，遣官祭之。歲暮祫祭，功臣配饗，祗告太廟中殿、後殿。監國攝政，幷遣官祭告太廟。耕耤田，祗告奉先殿。御經筵，祗告奉先殿、傳心殿，修建郊壇、太廟、奉先殿，祗告天地、太廟、社稷。興工、合龍，祭后土、司工諸神。迎吻，祭琉璃窰神暨各門神。歲旱祈雨，祗告天神、地祇、太歲。越七日，祭告社稷。三請不雨，始行大雩。凡告祀，不及配位從壇。至爲元元祈福，則遣大臣分行祭告，頒册文香帛，給御蓋一，龍纛御仗各二，蓋猶喬嶽翕河茂典云。

習儀　凡大祀前四十日，中祀前三十日，每旬三、六、九日，太常卿帥讀祝官、贊禮郎暨執事、樂舞集神樂署，習儀凝禧殿。故事，祭祀先期，太常寺演禮壇廟中。雍正九年諭曰：「是雖義取嫻熟，實乖潔齊嚴肅本旨也。」乃停前一日壇廟演禮。其前二日凝禧殿如故。饗太廟，以王公一人監視宗室、覺羅官。祀先師，祭酒、司業監視國子師生，同日習樂殿庭，令樂部典樂監視亦如之。謁陵寢，讀祝官等亦遇三、六、九日習儀皇陵。又歲暮將祭享，選內大臣打莽式，例演習於禮曹。時議謂發揚蹈厲，爲公庭萬舞變態云。

陪祀　順治時，詔陪祀官視加級四品以上。康熙二十五年，以喧語失儀，諭誡陪祀官毋慢易。尋議定論職不論級。郊壇陪祀，首公，訖阿達哈哈番，佐領。文官首尙書，訖員外郎，滿科道，漢掌印給事中。武訖游擊。祭太廟、社稷、日月、帝王廟，武至參領，文至郎中，餘如前例。御史、禮曹並糾其失儀者。既以浙江提督陳世凱請，文廟春秋致祭，允武官二品以上陪祀。三十九年，申定陪祀不到者處分。乾隆初元，定陪祀祗候例，祭太廟，俟午門鳴鼓；祭社稷，俟午門鳴鐘；祭各壇廟，俟齋宮鐘動：依次入，鵠立，禁先登階。並按官品製木牌，肅班序。七年，定郊廟、社稷赴壇陪祀制，遣官代行，王公內大臣等不陪祀，餘如故。明年，定郊祭前一日申、酉時及祭日五鼓，禮部、察院官赴壇外受職名，餘祀止當日收受。二十七年歲杪，諭通覈陪祀逾三次不到者，分別議懲。咸豐十年，諭朝日陪祀無故不到或臨時稱疾，並處罰。光緒九年，申定祗候例，大祀夜分、中祀雞初鳴，朝服莅祭所。

清史稿卷八十三

志五十八

禮二 吉禮二

郊社儀制　郊社配饗　祈穀　雩祀　天神太歲朝日夕月

社稷　先農　先蠶　地祇嶽鎮海瀆山川　直省神祇

郊祀之制　太祖御極，焚香告天，建元天命。天聰十年，設圜丘德盛門外，方澤內治門外，壇壝始備。會征服察哈爾，獲元玉璽，躬親告祭，遂祀天南郊。舊制，祭饗用生牢，頒百官胙肉。帝曰：「以天胙而享於家，是褻也。」諭改神前分享用熟薦。尋征朝鮮，祭告天地，並祀北郊。世祖入關宅帝位，於是冬至祀圜丘，奉日、月、星辰、雲、雨、風、雷配。夏至祀方澤，奉嶽、鎮、海、瀆配。南北分饗。著爲例。四年，定郊祀薦生牢如初，惟躬祀南郊進胙牛一。十四年，詔言：「人君事天如父，歲止一郊，心有未盡。惟營殿禁中，歲時致祀，配以太祖、太宗，庶昭誠敬。」禮臣乃援唐天寶四時孟月擇吉祭上帝故事，謂構上帝殿奉先殿東，元旦，萬壽，三節，夏冬二至，親詣致虔，儀物如郊祀。惟內祭初安神位時讀祝辭，不用胙，不進酒，不燎牛。從之。至是始有禁中祀天禮。十七年，敕廷臣議合祭儀，奏言仿明會典，前期一日，祭告各壇廟，定從祀十二壇。是歲四月，禁中大饗殿遂合祀天、地、日、月暨諸神。聖祖嗣位，詔罷之。

康熙二年，定郊祀躬親行禮，無故不攝。四十六年，冬至大祀，會天寒，羣臣以代請，勿許。四十八年，帝違和，始令李光地攝行郊壇大禮。越二年，祀圜丘如初。嗣是帝年踰六十，兼病足，復令大臣攝之。明年冬至，齋戒，猶力疾升壇省俎豆，量力拜跪，退處幄次，竢攝事者禮訖始還宮。臣工固請停躬詣，猶勿許。六十一年，祀南郊，始遣世宗恭代，距賓天止五日也。雍正八年冬至，遇聖祖忌日，禮臣援舊例請代，下大學士九卿議。奏言周禮春官稱大祭祀王不親則攝行。唐、宋制，大祀與國忌同日，樂備不作。議者謂饗神不可無樂，未若攝祀之當乎禮也，遣代便。可其奏。乾隆七年，定議周禮祀天用玉輅，唐、宋參用大輦，今親祀南郊，前期詣齋宮，宜御玉輦。是日，帝乘禮輿，易鑾輅，自降輦至禮成，如儀。十四年，展拓兩郊壇宇，更新幄次。越四載蕆事，規制始大備。仁宗中葉，自製南北郊說，祀典如故。咸豐八年、九年，帝疾不能親，猶宮內致齋，屆日詣大高殿皇穹宇行禮。穆宗、德宗，沖齡踐阼，皆遣代。定親政日躬行。宣統纘緒，監國攝政王行之。

郊社之儀，天聰十年，禮部進儀注，迄順治間，始定郊祀前期齋戒閱祝版玉帛香，省牲，祀日遲明，禮部太常官詣皇穹宇行禮。奉神牌置壇所，司祝奉祝版，帝出宮乘輦，陪祀王公集午門金水橋從行，餘序立橋南迎送。駕至昭亨門降輦，前引大臣十人，次贊引官、對引官導入更衣幄次，更祭服出，訖盥，詣二成拜位前，分獻官各就位。典儀贊「迎神燔柴」，司樂官贊「舉迎神樂」，贊引奏「升壇」，帝升一成。上詣香案前，跪上炷香，又三上香，復位，行三跪九叩禮。典儀贊「奠玉帛」，司樂贊「舉樂」，帝詣神位前，跪搢玉帛奠案，復位。典儀贊「進俎」，司樂贊「舉樂」，詣神位前，跪受俎拱舉，復位。典儀贊「行初獻禮」，司樂贊「舉初獻樂」，樂作，舞干戚舞，帝詣神位前，跪奠爵，俯伏。讀祝官捧祝跪讀訖，行三叩禮。自上香至獻爵，配位前儀同。復位，易文舞。亞獻、終獻舞羽籥，儀如初獻，不用祝，分獻官、陪祀官隨行禮。三獻畢，飲福受胙，帝升壇至飲福位，跪，奉爵官酌福酒，奉胙官奉胙，跪進，受爵、胙，三叩，興，復位。率羣臣行三跪九叩禮，徹饌送神，司樂、典儀贊訖，率羣臣行禮如初。有司奉祝，次帛，次饌，次香，各詣燎所，唱「望燎」。帝詣望燎位，半燎，禮成，還大次，解嚴。太常官安設神牌，如請神儀。若遣代，則行禮三成階下，升降自西階，讀祝跪二成階下。罷飮福、受胙禮。送燎，退立西偏。餘如制。雍正元年，令陪祀官先莅壇祗候。

方澤，前期但閱祝版。上香畢，奠玉帛，用瘞貍。餘與郊天同。

南郊，詣壇齋宿，自順治十一年著例，無常儀。乾隆七年定制，前一日，鑾儀衞嚴駕陳午門外太和門階下。巳刻，太常卿詣乾清門奏請詣齋宮，帝御禮輿出太和門，降輿乘輦，警蹕鳴鐘鼓，至昭亨門外降。寺卿導入門左，詣圜丘視壇位。分獻官分詣神庫、神廚視籩豆牲牢。帝出內外壝南左門，至神路西升輦，如齋宮。從祀官俟帝入，退歸齋所。翼日屆時，寺卿導入大次，更禮服出，復導駕詣壇行禮，畢，還宮。

三十五年，高宗六旬，命禮臣酌減升級次數及降輦步行遠近。議言郊前一日乘步輦如齋宮，自此易禮輿，至神路西降，步詣皇穹宇上香，遣親王視壇。祀日自齋宮至神路西階下降輦步入，禮成，卽於降輦處乘輿還宮。行禮時，初升至二成拜位，卽升壇上香，復位迎神，升階行奠玉帛禮，以次進俎，三獻曁飮福、受胙，並於此行之。還拜位，謝福胙，送神，乃卒事。方澤亦如之。允行。猶慮子孫玩視大典，復於三十九年諭誡，年未六旬，毋減小節，著爲令。次年，祀南郊，命諸皇子旁侍觀禮。越四年，於是帝年七十矣，諭迎神獻爵曁祖宗配位前上香悉如舊，其獻帛爵諸禮，自本年南郊始，令諸皇子代陳。五十一年，帝以春秋高，步履或遜，敕壇上讀祝拜位增設小幄次，然備而未用也。五十九年，祀方澤，配位前獻帛爵，仍皇子代行。歷仁宗朝，郊祀各儀節，悉遵高宗舊制云。

嘉慶十八年，林清變起，計日敉平，會長至祀圜丘，諭先一日赴壇不升輦，自宮至皇穹宇入齋宮，並御肩輿，用答嘉貺。宣統嗣位，監國攝行郊祀，祀日詣壇，不齋宿，百官不迎送。出入升降，仍由右門，在右階行禮。拜位設第二成，視帝位少後。去黃幄。即於行禮處受胙，畢，進福酒、胙肉。餘同親祀儀。

郊祀配饗　順治五年冬至，祀圜丘，奉太祖配。十四年諭曰：「太祖肇興帝業，太宗繼述皇猷，功德並隆，咸宜崇祀。」以後大祀天地，益奉太宗配饗。於是上辛祈穀，上帝位東奉太祖神位，卜吉奉太宗位於其西。夏至配方澤如初禮。十七年，行大饗殿合祀禮，尋罷。康熙六年冬至，祀南郊，用禮臣言，奉世祖配饗上帝，越九日，配饗皇地祇，詣方澤行禮。九年，祈穀亦如之。雍正二年，奉聖祖配大饗殿，次太宗。十三年冬，高宗嗣服，諭言：「皇考世宗，德侔造化，宜祀郊壇。」命議禮以聞。議者謂宜乾隆二年冬至配圜丘，三年孟春上辛配大饗殿，夏至配方澤。帝意以爲祔廟後配饗，去夏至近、冬至遠。先配方澤，前後已歧。若俟南郊，時日又曠。考之舊典，世祖、太宗配饗天地，莫不先圜丘後方澤，時或翼日、或旬日，禮儀粲然。稽之經傳，成周郊祀后稷以配天，宗祀文王於明堂，卽月令所謂「季秋，大饗帝」也。召誥「三日丁巳用牲于郊」。釋者謂非常祀而祭天，以告卽位也。宋皇祐三年，以大慶殿爲明堂，合祭天地，三聖並侑，古者因事而郊，不必定在二至。因諭來年世宗配天大禮，準此行事。踰歲，遂諏吉夏至前奉世宗配圜丘。餘如議。

先是部臣進升配儀，未議及祇見上帝。帝曰：「皇考祔廟，先見祖宗，然後升座，今行配饗，先見上帝，於義始允。」已，所司具儀上。於是祀南郊奉世宗神位祇見上帝，夏至祀方澤，祇見皇地祇，位並次世祖。嗣是升配皆先祇見，以爲常。嘉慶四年，奉高宗配饗，道光元年，奉仁宗配饗，並如儀。

三十年，帝弗豫，遺命罷郊配，略謂：「禘郊祖宗，伊古所重，我朝首太祖訖仁宗。厚澤深仁，允宜配饗郊壇，禮隆報本。若世世率行無已，益滋後人疵議，此不能不示限制也。」文宗踐阼，遂敕王大臣集議，禮親王全齡等僉云：「大行皇帝功德懿爍，郊配斷不可易，請仍遵成憲。」禮部侍郎曾國藩疏言：「郊配之罷，不敢從者二，不敢違者三。大行皇帝仁愛之德，同符大造，粒我烝民，后稷所以配天也。御宇卅載，無一日暇逸，無斯須不敬，純亦不已，文王所以配上帝也。具合撰之實，辭升配之文，臣心何能自安？不敢從者一。大行皇帝德盛化神，卽無例可援，猶應奏請，矧有成憲，曷敢稍踰！傳曰：『君行意，臣行制。』在上自懷謙德，爲下宜守成規。不敢從者二。壇壝規模，尺寸有定，一甎一石，皆按九五陽數，不能增改。

幄內止容豆籩，幄外幾無餘地。大行皇帝慮億萬年後，或議廣壇壝，或議狹幄製，故定爲限制，以身作則。嚴諭集議，尙未裁決遵行，則後人孰肯冒大不韙？將來必至修改基址，輕變舊章。不敢違者一。唐垂拱間，郊祀奉高祖、太宗、高宗並配，開元十一年，從張說議，而罷太宗、高宗。宋景祐間，郊祀奉藝祖、太宗、眞宗並配，嘉祐七年，從楊畋議，而罷太宗、眞宗。我朝順治間，大饗殿合祀，後亦罷其禮。大行皇帝慮億萬年後，或援唐、宋舊例，妄行罷祀，因諭以非天子不議禮，增配尙所不許，罷祀何自而興？不敢違者二。我朝孝治天下，遺命尤重，聖祖不敢違孝莊文皇后遺命，未敢竟安地宮。仁宗不敢違高宗遺命，故雖豐功偉烈，廟號未獲祖稱。此而可違，家法何在！且反覆申明，處己卑屈，處祖崇高，大孝大讓，亙古盛德。不敢違者三。默計皇上仁孝深心，不升配歉在闕禮，遽升配歉在違命，且多將來之慮。他日郊祀時，上顧遺訓，下顧萬世，或怵然而難安，禮臣益無所辭咎。」帝頗韙其言。已復博諮廷議，手降敕諭，謂：「周人郊祀后稷，唐、宋及明，或三祖並侑，或數帝分配。我朝歷聖相承，靡不奉配。第配位遞增，壇制有定。皇考德澤，列祖同符，應如所請。俟祔禮成，仍奉升配，幷體遺訓，昭示限制。自後郊祀配位，定爲三祖五宗，永爲恆式。」於是咸豐二年夏大祀圜丘、方澤，三年春上辛祈穀，並奉宣宗配，位次高宗。

十一年，帝崩，穆宗以郊配大典，遺命定三祖五宗，聖心不自安。乃集羣臣議，並奉兩宮皇太后稽衆詢謀，禮親王世鐸等先後疏言：「禮貴制宜，孝當承志，兩朝遺訓，宜謹遵循。」帝勉從之。遂停文宗郊配。同治建元，雲南學政張錫嶸援孝經明堂嚴父配天義，謂宜以季秋祀上帝大饗殿，奉顯皇帝配。世鐸等益以欽定孝經衍義釋之，謂迭饗並侑，非禮所宜。議遂寢。

祈穀　順治間，定歲正月上辛祭上帝大饗殿，爲民祈穀。帝親詣行禮，與冬至同。惟不設從壇，不燔柴。十七年，詔饗帝大典，不宜有異，自後祈穀、燔柴以爲常，幷改大饗殿合祀上帝百神在圜丘舉行。康熙二十九年，聖祖親製祝文。四十八年，帝疾，不能親，遣官代。會江、浙、魯、豫水旱洊臻，仍自製祝文祈之。故事，上辛在正月五日前，改用次辛。雍正八年，上辛爲正月二日，部臣因元旦宴，請展十日，不許。先期齋戒如故。十三年正月十日上辛，未立春，帝曰：「此非乘陽義也。」命禮臣集議。奏言：「禮月令，立春日，天子迎春東郊，乃祈穀上帝。此禮本在立春後，請循例用次辛，或立春後上辛。」從之。乾隆十六年，和親王等以大饗爲季秋報祀，義殊祈穀，請更錫名。羣臣亦言非明堂本制，襲稱大饗，名實未協。得旨，改曰「祈年」。

凡祈穀，駕如南郊，至西天門內神路西降輦，入祈年左門，詣皇乾宮上香。禮成，詣祈年壇視位，畢，仍出左門升輦至齋宮。三十七年，更定前一日輦入西天門，自齋宮東乘禮輿，訖西甎城左門止。步詣皇乾殿上香，畢，還齋宮，親王視壇位。祀日出齋宮，乘輦，至甬道正中，易禮輿，至神路西降。自甎城步就幄次，入左門，禮同圜丘。四十七年正月四日上辛，禮臣先期請改次辛便，帝曰：「上辛在正月三日前，爲須隔年齋戒也；在四日前，爲因聖母祝釐也。茲非昔比，奚改爲？其仍用上辛，著爲例。」又諭：「孟春祈穀，所以迓陽氣，兆農祥。考諸經傳，是立春後上辛，非元旦後上辛也。惟在月初，舊臘，卽當齋戒。然太廟祫祭，大禮攸關，宮中拜神，國俗所在。若以齋期行此，似非專一致敬之道。」因下廷臣議。尋奏：「上辛以立春後所得爲準，與其用十二月上辛，不如用正月上辛，以重歲首。如值三日前，則改次辛。或四日前，則應一日齋戒，是日未入齋宮，宮殿拜祭，各不相妨。毋庸改期。」允行。咸豐四年，祈穀，帝患宿疾，敕禮臣酌損儀文。侍郎宋晉請仍舊貫遣代行。帝曰：「是非輕改舊章也，應天以實不以文，此意宜共喻之。」

雩祀　關外未嘗行。順治十四年夏旱，世祖始禱雨圜丘，前期齋三日，冠服淺色，禁屠宰，罷刑名。屆期，帝素服步入壇，不除道，不陳鹵簿，壇上設酒果、香鐙，祝帛暨熟牛脯醢，祭時不奏樂，不設配位，不奠玉，不飲福、受胙。餘如冬至祀儀。其方澤、社稷、神祇諸壇，則遣官涖祭。既得雨，越三日，遣官報祀。定躬禱郊壇儀自此始。越三年又旱，卜吉致齋，步至南郊，躬親告祭。於時天無片雲，頃之乃大雨。報祀如初。康熙九年夏旱，詔百官修省，禮部祈雨。明年，帝親禱。自後躬祀以爲常。二十六年，親製祝文祈告，雨立降。又嘗設壇宮禁，跽禱三晝夜，日惟淡食，越四日，步禱天壇，雨驟澍，步還宮，衣履霑溼云。

乾隆七年，御史徐以升奏言：「春秋傳：『龍見而雩，爲百穀祈膏雨也。』祭法：『雩宗，祭水旱也。』禮月令：『雩，帝用盛樂，命百縣雩祀，祀百辟卿士有益於民者，以祈穀實，是爲常雩。』周禮：『稻人，旱暵共雩斂。』春秋書雩二十有一，有一月再雩者，旱甚也。是又因旱而雩。考雩義爲吁嗟求雨，其制，爲壇南郊旁，故魯南門爲雩門，西漢始廢，旱輒禱郊廟。晉永和立壇南郊，梁武帝始徙東，改燔燎從坎瘞。唐太宗復舊制。宋時孟夏雩祀上帝。明建壇泰元門東，制一成，旱則禱。我朝雩祭無壇，典制似闕，應度地建立，以符古義。」下禮臣議。議言：「孟夏龍見，擇日行常雩，祀圜丘，奉列祖配。四從壇，皆如禮。孟夏後旱，則仿唐制，祭神祇、社稷、宗廟。七日一祈，不足，仍分禱。旱甚，大雩。令甲，祈雨必望祭四海，至是罷之。又行大雩，用舞童十六人，衣玄衣，分八列，執羽翳，三獻，樂止，乃按舞。歌御製雲漢詩八章，畢，望燎。餘同常雩。至久雨祈晴，宜仿春秋傳鼓用牲，通考禜祭制，伐鼓祀少牢。禜祭國門，雨不止，則伐鼓用牲於社。罷分禱，停僧道官建壇諷經。其直省州、縣舊置耤田壇祀，仍依雍正四年例。孟夏行常雩，患旱，先祭境內山川，次社稷。患霪潦祈晴，如京師式。」十七年，增祈雨報祭樂章。

二十四年，常雩不雨，帝步禱社稷壇，仍用玉。六月大雩，親製祝文，定儀節。前一日，帝常服視祝版，詣壇齋宿，去鹵簿，停樂。出宮用騎，扈駕大臣常服導從。至南郊，步入壇，視位上香。祀日，帝雨冠素服步禱，從臣亦如之。不燔柴，不晉俎，不飲福、受胙。三獻畢，舞童舞羽、歌詩，退，皆如儀。帝率羣臣三拜，徹饌，望燎。禮成，還宮。

三十七年，帝以年老，命酌損儀節視圜丘。

嘉慶十八年，以欽天監雩祀擇日，頻年恆在立夏節，殊乖古義，敕立夏後數日諏吉行。著爲例。

道光十二年六月大雩，親製祝文，省躬思過。是夕雨。報謝如常儀。御史陳焯請再申虔禱。帝曰：「祭法有祈有報。以報爲祈，非禮也。其勿踰舊制。」

天神　順治初，定雲、雨、風、雷。既配饗圜丘，並建天神壇位先農壇南，專祀之。雍正六年，諭建風神廟。禮臣言：「周禮槱燎祀飌師，鄭康成注風師爲箕星，即虞書六宗之一。漢劉歆等議立馬端臨謂，周制立春丑日，祭風師國城東北，蓋東北箕星之次，丑亦應箕位。

風伯廟於東郊。東漢縣邑，常以丙戌日祀之戌地。唐制就箕星位爲壇，宋仍之。今卜地景山東，適當箕位，建廟爲宜。歲以立春後丑日祭。」允行。規制仿時應宮，錫號「應時顯佑」，廟曰宣仁。前殿祀風伯，後殿祀八風神。明年，復以雲師、雷師尙闕專祀，諭言：「虞書六宗，漢儒釋爲乾坤六子，震雷、巽風，並列禋祀。易言雷動風散，功實相等。記曰：『天降時雨，山川出雲。』周禮以雲物辨年歲，是雲與雷皆運行造化者也。並宜建廟奉祀。」於是下所司議，尋奏：「唐天寶五載，增祀雷師，位雨師次，歲以立夏後申日致祭，宋、元因之。明集禮，次風師以雲師，郡、縣建雷雨、風雲二壇，秋分後三日合祭。今擬西方建雷師廟，祭以立夏後申日。東方建雲師廟，祭以秋分後三日。」從之。乃錫號雲師曰「順時普應」，廟曰凝和；雷師曰「資生發育」，廟曰昭顯；並以時應宮龍神爲雨師，合祀之。

嘉慶二年旱，禱雨旣應，仁宗莅壇報祀，入壇中門降輿，至壝南門外，盥畢入，升壇。以次詣雲、雨、風、雷神位上香，二跪六拜。初獻卽奠爵、帛，讀祝，不晉俎，不飲福胙。餘如故。

太歲殿位先農壇東北，正殿祀太歲，兩廡祀十二月將。順治初，遣官祭太歲，定孟春爲迎，歲暮爲祖。歲正月，書神牌曰「某干支太歲神」，如其年建。歲除祭畢，合祝版燎之。凡祭，樂六奏，承祭官立中階下，分獻官立甬道左右，行三跪九拜禮。初獻卽奠帛，讀祝，錫福胙，用樂舞生承事，時猶無上香儀也。

乾隆十六年，禮臣言同屬天神，不宜有異，自是二祭及分獻皆上香。太歲、月將神牌，舊儲農壇神庫，至是亦以殿廡具備，移奉正屋。臨祭，龕前安神座。畢，復龕。舊制，祭太歲遣太常卿行禮，兩廡用廳員分獻。二十年，改遣親王、郡王承祭。次年，定太常卿爲分獻官。

雍、乾以來，凡祈禱，天神、太歲暨地祇三壇並舉，遣官將事，陪祀者咸與焉。前期邸齋一日，承祭官拜位。天神壇在南階下，太歲與常祀同，俱三跪九拜。天神用燎，太歲兩廡不分獻，不飲福、受胙。

朝日、夕月，初以大明、夜明從祀圜丘，罷春秋分祀。順治八年，建朝日壇東郊，夕月壇西郊。

朝日用春分日卯刻，值甲、丙、戊、庚、壬年，帝親祭，餘遣官。樂六奏，舞八佾。凡親祭，入自壇北門，至甬道更衣大次，盥畢，升西階就位，行三跪九拜禮。奠獻遣有司行。遣代則行禮階下，惟讀祝時跽壇上。初日壇用露祭。雍正四年，始援社稷例，立龕壇下芘風雨。乾隆十一年，具服殿成，罷更衣大次。是歲春分翼日日食，高宗莅祭，不乘輦，不奏樂，不陳鹵簿。三十九年躬祭，入櫺星左門，如幄次行禮，以年高酌減禮文，非恆式也。

夕月用秋分日酉刻，奉星辰配，凡丑、辰、未、戌年，帝親祭，餘遣官。樂六奏，儀視日壇稍殺，親臨較少。升壇行禮，二跪六拜，初獻奠玉帛，讀祝，餘如朝日儀。遣官則拜壇下。乾隆三年戊午，例遣官，帝因初舉祀典，仍親祭如禮。五十五年，酌損節文，如日壇例。嘉慶五年庚申，效高宗故事，仍親祭，不遣官。十九年，定親祭儀，祀配位用親王、郡王上香。二十三年，世宗忌日值月壇齋期，諭陪祀執事官改常服，餘如故。

社稷之祀　自京師以至直省府、州、縣皆有之，其在京師者，建壇端門右。世祖宅帝位，祭告如儀。定制，歲春、秋仲月上戊日，祭大社、大稷，奉后土句龍氏、后稷氏配。祭日，帝親蒞，壇上敷五色土，各如其方。樂七奏，舞八佾。帝出闕右門降輦，道北門出入，祭時出拜殿，至壝北門外就位，自北階升壇上香，詣正位奠獻。有司分祭配位。升北階，降西階，不晉俎，三跪九拜。餘儀如北郊舊例。

祭日逢國忌，不改期，易素服。康熙三年，遇太宗忌日，始改中戊。雍正二年，平青海，告祭行獻俘禮。自是平定藩部，獻俘以爲常。乾隆十七年，改送燎爲望瘞。明年，增望瘞樂章。

三十七年，以年老更儀節。幄次先設拜殿，帝御輦至壇外門，易禮輿，入右門，至拜殿東階下，乃降。升階行禮，禮成，升輿如初。故事，祭日遇風雨，拜位香案徙殿中，神位祭品露設如故。帝曰：「社稷之制，不立棟宇，以承天陽。今神牌藏神庫，是在棟宇內也。移奉殿中，復何嫌忌？」四十一年，定祭日遇風雨，神牌安奉殿內，祭器、樂簴移設拜殿，猝遇則用木龕覆神牌，其拜殿別設香案。嘉慶五年，仁宗詣壇祈雨，視春秋致祭儀，惟祭品用脯醢、果實，不飲福。前三日及祭日，王、公、百官皆齋戒，禁屠宰，不理刑名。餘悉如故。並諭親詣祈禱、報祀均步行，以隆典禮。

其在府、州、縣者，順治元年建，歲祭亦用上戊，府稱府社、府稷，州、縣則云某州、縣社、稷。

世宗纘業，制定祭品，羊一，豕一，帛一，籩、豆四，鉶、簠、簋各二。有司齋二日，屆期朝服祭於壇。乾隆八年，始頒祝文，各直省定例，爲民祈報，會城布政使主之，督若撫陪祀。道官駐地，府、州、縣主之，道陪祀。十六年，以尊卑未協，詔互易之。督、撫、道官或出巡，仍令布政使暨府、州、縣官攝祭。武官自將軍以下，皆陪祀。社、稷以次諸祭，悉準此行。

先農　天聰九年，禁濫役妨農。崇德元年，禁屯積米穀，令及時耕種，重農貴粟自此始。順治十一年，定歲仲春亥日行耕耤禮。先期，戶、禮二部尙書偕順天府尹進耒耜暨穜稑種。屆期，帝親饗祭獻如朝日儀。畢，詣耕耤所，南嚮立。從耤者就位。戶部尚書執耒耜，府尹執鞭，北面跪以進。帝秉耒三推，府丞奉青箱，戶部侍郎播種，耆老隨覆。畢，尚書受耒耜，府尹受鞭。帝御觀耕臺，南嚮坐，王以下序立。三王五推，九卿九推，府尹官屬執青箱播種，耆老隨覆。畢，帝如齋宮。府尹官屬、衆耆老行禮。農夫三十人執農器隨行。禮畢，從府、縣官出至耕耤所，帝賜王公坐，俟農夫終畝，鴻臚卿奏禮成，百官行慶賀禮。賜王公耆老宴，賞農夫布各一匹，作樂還宮。其秋，年穀登，所司上聞，擇日貯神倉，備供粢盛。尋定先農歲祭遣府尹行，大興、宛平縣官陪祀。

康熙時，聖祖嘗臨豐澤園勸相。雍正二年，祭先農，行耕耤。三推畢，加一推。頒新製三十六禾詞。賞農夫布各四匹，罷筵宴。頒賜各省嘉禾圖。

乾隆三年，帝初行耕耤禮，先期六日，幸豐澤園演耕，屆日饗先農，行四推。二十三年諭曰：「吉亥耤畝，所重劭農。黛耜青箱，畚鎛簑笠，咸寓知民疾苦至意。吾民雨犁日耘，襏襫維艱，炎溼遑避。設棚懸彩，義無所取。且片時所用，費中人數十戶產也，其除之。」三十七年，羣臣慮帝春秋高，籲罷親耕，不許。命仍依古制三推。嘉慶以降，仍加一推如初。

直省祭先農，淸初未舉行。雍正二年，耤田產嘉禾，一莖三四穗。越二年，乃至九穗。諭言：「國以民爲本，民以食爲天。禮，天子耤千畝，諸侯百畝。是耕耤可通臣下，守土者允宜遵行。俾知稼穡艱難，察地力肥磽，量天時晴雨。養民務本，道實由之。」於是定議：順天府尹，直省督撫及所屬府、州、縣、衞，各立農壇耤田。自五年始，歲仲春亥日，率屬祭先農行九推。十月朔，頒時憲書，豫定次年耕耤吉期，下所司循用。祭品禮數，如社稷儀。

先蠶 清初未列祀典。康熙時，立蠶舍豐澤園，始興蠶績。雍正十三年，河東總督王士俊疏請祀先蠶，略言：「周禮鄭注上引房星，以馬神爲蠶神。蠶、馬同出天駟，然天駟可云馬祖，實非蠶神。淮南子引蠶經，黃帝元妃西陵氏始蠶，其制衣裳自此始。漢祀苑窳婦人、寓氏公主，事本無稽。先蠶之名，禮經不載。隋始有壇，建宮北三里，高四尺。唐會要，遣有司饗先蠶如先農。宋景德三年，命官攝祀。有明釐正祀典，百神各依本號，如農始炎帝，止稱先農神，則蠶始黃帝，亦宜止稱先蠶神。按周制，蠶於北郊。今京師建壇，亦北郊爲宜。」部議然之。侍郎圖理琛奏立先蠶祠安定門外，歲季春吉巳，遣太常卿祀以少牢。未及行。

乾隆七年，始敕議親蠶典禮，議者以郊外道遠，且水源不通，無浴蠶所。考唐、宋時后妃親蠶，多在宮苑中，明亦改建西苑。高宗鑒往制，允其議。命所司相度，遂建壇苑東北隅。三面樹桑柘。壇東爲觀桑臺，前桑園，後親蠶門。其內親蠶殿，後浴蠶池，池北爲後殿。宮左爲蠶婦浴蠶河。南北木橋二，南橋東卽先蠶神殿也。左曰蠶署，北橋東曰蠶所，皆符古制云。

是歲定皇后饗先蠶禮，立蠶室，豫奉先蠶西陵氏神位。届日辰初刻，后禮服乘鳳輦出宮，至內壝左門降，入具服殿，妃、嬪從。盥訖，升中階，就南階上拜位，六肅，三跪，三拜。謝福胙禮三減一。不讀祝。爵三獻。凡拜跪，妃、嬪壇下皆行禮。餘如饗先農儀。禮成還宮。越日，行躬桑禮。先是築臺桑田北，置蠶母二人，蠶婦二十七人，蠶宮令、丞各一人承其事。后散齋一日，從採桑妃、嬪以下畢齋。是日昧爽，從桑侍班公主等祗候南門內。巳初刻，后出宮，妃、嬪從，詣西苑，入具服殿。傳贊分引妃、嬪、公主等就採桑位，典儀奏請后行禮。出詣桑畦北正中，相儀二人，跽進筐、鉤，后右持鉤，左提筐，東行畦外。內監揚綵旗，鳴金鼓，歌採桑辭，后東西三採畢，歌止。相儀跽受筐、鉤。后御觀桑臺，以次妃、嬪、公主等五採，命婦九採。訖。蠶母北面跪，典儀舉筐授之，祗受退。切之，授蠶婦，洒於箔。后御繭館，傳贊引妃、嬪等行禮訖。還宮。蠶事畢，蠶母、蠶婦擇繭貯筐以獻。卜吉行治繭禮，后復詣壇臨織室，繅三盆，手遂布於蠶婦以終事。尋侍郎三德疏言：「親蠶典禮，爲曠世鉅儀，請將壇址宮殿規制，與工告成日期，宜付史館。」詔從之。九年三月，始親蠶如儀。

尋定后不親莅，遣妃代行。行禮階下，升降自東階。不飲福、受胙，不陪祀。十四年，禮部請遣妃代祀。時皇貴妃未正位中宮，帝諭曰：「妃所代，代后也。位未正，何代爲？」因命內府大臣行禮。洎皇后册立，始親饗。嗣後或躬親，或官攝，或妃代，並取旨行。

其行省所祭，惟乾隆五十九年，定浙江軒轅黃帝廟蠶神暨杭、嘉、湖屬蠶神祠，歲祭列入祀典，祭器視先農。

地祇　順治初，定嶽、鎮、海、瀆旣配饗方澤，復建地祇壇，位天壇西，兼祀天下名山、大川。三年，定北鎮、北海合遣一人，東嶽、東鎮、東海一人，西嶽、西鎮、江瀆一人，中嶽、淮瀆、濟瀆一人，北嶽、中鎮、西海、河瀆一人，南鎮、南海一人，南嶽專遣一人，將行，先遣官致齋一日，二跪六拜，行三獻禮。

八年，封興京永陵山曰啓運，東京陵山曰積慶，福陵山曰天柱，昭陵山曰隆業，並列祀地壇。十六年，徙東京陵祔興京，罷積慶山祀。明年，用禮臣言，改祀北嶽於渾源。康熙二年，賜號鳳臺山曰昌瑞，並祀之。六年，遣祭如初制。惟南鎮、南海各分遣一人。十六年，詔封長白山神秩祀如五嶽。自是歲時望祭無闕。

二十四年，東巡祀泰嶽，祝版不書御名。先一日致齋。太常齎祝版、香、帛、爵，有司備祭品牲薦。屆日衣龍袞，出行宮。樂備不作。至廟內降輿。入中門，竢幄次，出盥畢，詣殿中拜位，二跪六拜。奠、獻如常儀。不飲福、受胙。明年，復改祀北嶽、混同江。逾二年，始望祭。

三十五年正月，爲元元祈福，始遣大臣分行祭告，凡嶽五：曰東嶽泰山、南嶽衡山、中嶽嵩山、西嶽華山，北嶽恆山。鎮五：曰東鎮沂山、南鎮會稽山、中鎮霍山、西鎮吳山、北鎮醫巫閭山。海四：曰東海、南海、西海、北海。瀆四：曰江瀆、淮瀆、濟瀆、河瀆。又兀喇長白山。翕河喬嶽自此始。明年，朔漠平，遣祭嶽、鎮、海、瀆如故。雍正二年，賜號江瀆曰涵和，河瀆曰潤毓，淮瀆曰通佑，濟瀆曰永惠。並賜東海爲顯仁，南爲昭明，西爲正恆，北爲崇禮。乾隆二年，封泰寧山曰永寧，附祀地壇如故事。

越十年，以來歲奉太后秩岱宗，敕羣臣議禮。奏言：「古者因名山以升中，有燔柴禮。聖祖因儀文度數，書缺有閒，議封禪者多不經。定以祀五嶽禮致祭，允宜遵行。」明年蒞泰安，前一日，詣嶽廟三上香，一跪三拜。翼日祭，如聖祖祀嶽儀。又明年，巡省中州，祀中嶽，如初。十六年，巡江、浙，遣祭江、淮、河神。自是南巡凡六，皆躬祭。十九年，巡吉林，望祭北鎮，長白山亦如之。

二十六年，用禮臣議，改嶽、鎮、海、瀆遣官六人，長白山、北海、北鎮一人，西嶽、西鎮、江瀆一人，東嶽、東鎮、東海、南鎮一人，中南二嶽、濟淮二瀆一人，北嶽、中鎮、西海、河瀆一人，南海一人。當是時，海神廟饗，所在多有，惟北海尙闕。四十三年，始建山海關北海神廟。凡祈禱地壇行禮，位北階下，三跪九拜，用瘞。光緒初元，加太白山神曰保民，醫巫閭山神曰靈應。二十七年，兩宮幸西安，遣官祭所過山川，並告祭華、嵩二嶽，如禮。

其他山川之祀，自聖祖北征朔漠，駐蹕噶爾圖，命大學士祭山川，出卡倫，命官祭域外山川。自是浙江、大沽、大通海神皆建廟修祀。雍正間，建湘江神、武昌江神廟，並賜號廣東海陽山神曰安流襄績。高宗纘業，定星宿海、西域山川、伊犁阿布拉山諸神祀。又以松花江導源長白，依望祭北海制行。大軍西征，祭阿勒台、珠爾庫、博克達、阿拉克四山。復賜太白山、洞庭山、庫倫汗山、金山諸神號。川、陝平，建終南山神廟。木蘭秋獮，議定興安大嶺山祀典，常祭用少牢，告祭太牢，歲仲春望祭行禮，如祀五鎮儀。帛、尊、羊、豕各一，簠、簋各二，爵三，籩、豆各十。秋獮，王大臣致祭，登一，鉶二，餘同春祭。別建廟以祀，錫號協義昭靈。又封江西廬嶽神曰溥福廣濟。自仁宗迄德宗，封江南、湖北、山東、臺灣、安東、江神、漢神、海神，黃陂木蘭山、西藏瓦合山、四川峩眉山神，皆以時肇封或崇祀。綜稽一代祀典，河神別見河渠篇，其餘名山大川錫號尚多，不悉舉云。

直省神祇　順治初，令各府、州、縣建壇，歲春秋仲月，有司致祭。雍正三年，定制，有司齋二日，朝服蒞事，儀視社稷壇。乾隆八年，頒各省祀神祇祝文。二十二年，定各府、州、縣祭境內山川，以春秋仲月戊日。其風、雷諸神，特錫封廟號以祀。自世宗至德宗末，代有增錫。凡列祀典者，有司隨時致虔，用羊一、豬一、果五盤、帛一、尊一、爵三，讀祝叩拜如故事。

清史稿卷八十四

志五十九

禮三 吉禮三

歷代帝王陵廟　傳心殿　先師孔子　元聖周公　關聖帝君　文昌帝君　祭纛祀礮　京師羣祀附五祀八蜡　直省祭厲

歷代帝王廟　順治初，建都城西阜成門內，南嚮，正中景德崇聖殿，九楹，東西二廡各七楹，燎爐各一。後爲祭器庫，前景德門。門外神庫、神廚、宰牲亭、井亭、鐘樓、齋所咸備。

初，明祀歷代帝王，元世祖入廟，遼、金諸帝不與焉。至是用禮臣言，以遼、金分統宋時天下，其太祖應廟祀。元啓疆宇，功始太祖，禮合追崇。從祀諸臣，若遼耶律赫嚕，金尼瑪哈、斡里雅布，元穆呼哩、巴延，明徐達、劉基並入之。

屆日，大臣一人祭正殿，殿祀伏羲，神農，黃帝，少昊，顓頊，帝嚳，唐堯，虞舜，夏禹，商湯，周武王，漢高祖、光武，唐太宗，宋、遼、金太祖、世宗，元太祖、世祖，明太祖，凡廿一帝，祀以太牢。分獻官四人祭兩廡，廡祀風后、力牧、皋陶、夔、龍、伯益、伯夷、伊尹、傅說、周公旦、召公奭、太公望、召虎、方叔、張良、蕭何、曹參、陳平、周勃、鄧禹、馮異、諸葛亮、房玄齡、杜如晦、李靖、郭子儀、李晟、張巡、許遠、耶律赫嚕、曹彬、潘美、張浚、韓世忠、岳飛、尼瑪哈、斡里雅布、穆呼哩、巴延、徐達、劉基，凡功臣四十一，祀以少牢。

十四年，聖祖躬祭，屆時致齋畢，翼日昧爽，駕出西華門，至廟降，入幄次盥訖，入直殿就位上香。三皇位前，二跪六拜，奠帛、爵，讀祝，俱初獻時行。凡三獻，分獻官祀兩廡如儀。遣官則衣朝服。王、公承祭，入景德左門，升左階，位階上，餘入右門，位階下，俱三跪九拜，不飲酒、受胙，不陪祀。

十七年，禮臣議言廟祀帝王，止及開創，應增守成令辟，並罷宋臣潘美、張浚祀，從之。於是增祀商中宗、高宗，周成王、康王，漢文帝，宋仁宗，明孝宗。而遼、金、元太祖皆罷祀。聖祖嗣服，以開創功復之。

六十一年，諭：「帝王崇祀，代止一二君，或廟饗其臣子而不及其君父，是偏也。凡爲天下主，除亡國暨無道被弒，悉當廟祀。有明國事，壞自萬曆、泰昌、天啓三朝，神宗、光宗、熹宗不應崇祀，咎不在歷帝也。」於是廷臣議正殿增祀夏啓、仲康、少康、杼、槐、芒、泄、不降、扃、廑、孔甲、皐、發，商太甲、沃丁、太庚、小甲、雍己、太戊、仲丁、外壬、河亶甲、祖乙、祖辛、沃甲、祖丁、南庚、陽甲、盤庚、小辛、小乙、武丁、祖庚、祖甲、廩辛、庚丁、太丁、帝乙，周成王、康王、昭王、穆王、共王、懿王、孝王、夷王、宣王、平王、桓王、莊王、僖王、惠王、襄王、頃王、匡王、定王、簡王、靈王、景王、悼王、敬王、元王、貞定王、考王、威烈王、安王、烈王、顯王、愼靚王，漢惠帝、文帝、景帝、武帝、昭帝、宣帝、元帝、成帝、哀帝、明帝、章帝、和帝、殤帝、安帝、順帝、沖帝、桓帝、靈帝、昭烈帝，唐高祖、高宗、睿宗、玄宗、肅宗、代宗、德宗、順宗、穆宗、文宗、武宗、宣宗、懿宗、僖宗，遼太宗、景宗、聖宗、興宗、道宗，宋太宗、眞宗、仁宗、英宗、神宗、哲宗、高宗、孝宗、光宗、寧宗、理宗、度宗、端宗，金太宗、章宗、宣宗，元太宗、定宗、憲宗、成宗、武宗、仁宗、泰定帝、文宗、寧宗，明成祖、仁宗、宣宗、英宗、景帝、憲宗、孝宗、武宗、世宗、穆宗、愍帝，凡百四十三位。其從祀功臣，增黃帝臣倉頡，商仲虺，周畢公高、呂侯、仲山甫、尹吉甫，漢劉章、魏相、丙吉、耿弇、馬援、趙雲，唐狄仁傑、宋璟、姚崇、李泌、陸贄、裴度，宋呂蒙正、李沆、寇準、王曾、范仲淹、富弼、韓琦、文彥博、司馬光、李綱、趙鼎、文天祥，金呼嚕，元博果密、托克托，明常遇春、李文忠、楊士奇、楊榮、于謙、李賢、劉大夏，凡四十人。是歲，世宗御極，依議行，增置神主，爲文鑴之石。

乾隆元年，諡明建文帝曰恭閔惠皇帝，廟祀之，位次太祖。復定帝王廟鹿脯、鹿醢，增鹿一，兩廡易醓醢，增豕一。十四年，以唐、虞五臣唯契未祀，乃建殿成湯廟後，有司致饗，如孔廟崇聖祠制。初，帝王廟正殿用青綠琉璃瓦，至十八年重修，改覆黃瓦。

四十九年，諭廷臣：「曩時皇祖敕議增祀，聖訓至公，而陳議者未能曲體，乃列遼、金二朝，而遺東西晉、元魏、前後五代。謂南北朝偏安，則遼、金亦未奄有中夏。卽兩晉諸代，因篡而斥，不知三國正統，本在昭烈。至司馬氏以還，南朝神器數易，宋武帝手移晉祚，篡奪無所逃罪，其他祖宗得國不正，子孫但能守成，卽爲中主。且蜀漢至初唐不乏賢君，安可闕略！洎朱溫以下，或起寇竊，或爲叛臣，五十餘年，國統不絕如綫。周世宗藉餘業，擴疆宇，卓然可稱，而斥擯弗列，此數百年間，祀典闕如，又豈千秋公論？他若元魏雄據河北，太武、道武，胥勤治理，並宜表章。昔楊維楨著正統辨，謂正統在宋不在遼、金、元，其說甚當。今通禮祀遼、金，黜兩晉諸代，使後世疑本朝區分南北，非禮意也。明神、熹二宗，法紀墜失，愍帝嗣統，事無可爲，雖國覆身殉，未可以荒淫例。皇祖徹神、熹，祀愍帝，具見大公。乃議者因復推祀桓、靈，亦思漢之所由亡乎？其再詳議。」尋議增祀兩晉、元魏、前後五代各帝王，並以唐憲宗平亂，金哀宗殉國，亦宜列祀。允行。

同治四年，以散宜生配饗，位次畢公高。高允配饗，位次趙雲。

陵寢之祭，太宗征明，至燕京，即遣貝勒阿巴泰等赴金太祖、世宗陵致祭。順治建元，禮葬明崇禎帝、后，復詔明十二陵絜禋祀，禁樵牧，給地畝，置司香官及陵戶。歲時祭品，戶部設之。明年，定春、秋仲日致祭，遣官行。六年，定明陵仍設太監，並置房山、金陵陵戶。

八年，定帝王陵寢祀典，淮寧伏羲，滑縣顓頊、帝嚳，內黃商中宗，西華商高宗，孟津漢光武，鄭周世宗，鞏宋太祖、太宗、眞宗、仁宗，趙城女媧，滎河商湯，曲阜少昊，東平唐堯，中都軒轅，咸陽周文、武、成、康，涇陽漢高祖、唐宣宗，咸寧漢文帝，長安宣帝，富平後魏孝文帝，三原唐高祖，醴泉太宗，蒲城憲宗，酃神農，寧遠虞舜，會稽夏禹，江寧明太祖，廣寧遼太祖，房山金太祖、世宗，宛平元太祖、世祖，昌平明宣宗、孝宗、世宗，各就地饗殿行之，或因陵寢築壇，惟元陵望祭。十六年，幸畿輔，親酹崇禎帝陵，諡曰莊烈愍皇帝。

凡巡幸所莅，皆祭陵、廟，有大慶典，祭告亦如之。康熙二十一年，滇亂平，遣官致祭，頒册文、香、帛，給黃傘一，御仗、龍纛各二，凡成武功，皆祭如典。二十三年，南巡，道江寧，詣明太祖陵，拜奠。諭有司巡察，守陵人防護。越五年，巡會稽，祭禹陵，祝文書御名，行三跪九拜禮。蹕江寧，祭明太祖陵，如祀禹儀。凡時巡祭帝王陵寢，儀同祭廟，率二跪六拜，茲蓋殊典云。三十八年，復南巡，見明太祖陵圮剝，詔依周封杞、宋例，授明裔一官，俾世守弗替。四十二年，西巡，遣祭女媧氏陵，幸陝，遣祭所經諸陵，惟祀周文、武祝文書御名，尊聖也。

六十一年，遺諭，言：「明太祖起布衣，統方夏，駕軼漢、唐、宋諸君。末葉災荒，臣工內訌，寇盜外起，以致社稷顚覆。考其嗣主，未有荒墜顯跡，蓋亦曆數使然。且其制度規模，我朝多所依據。允宜甄訪支派，量授爵秩，俾奉春秋饗祀。」世宗纘緒，遂授朱之璉一等侯世襲，往江寧、昌平致祭，自是歲舉以爲常。

帝堯陵向有二：一在平陽，一在濮州。濮州東南穀林，古雷澤也。乾隆元年，修葺釐正，定穀林爲舊址，平陽時奠如故。並修神農、虞舜陵廟，置陵戶典守。十一年，以陝西古建都地，帝王陵墓多，命疆吏考其不載會典者，所在令有司防護。十三年，車駕幸曲阜，奠少昊陵，嗣是東巡皆躬祭。十六年，選姒氏子姓一人，授世襲八品官，奉祀禹陵。趙城女媧陵，廟中故有塑像，帝斥其黷慢，徹之，改立神位，禁私禱。

十八年，謁泰陵，禮畢，詣房山祭金太祖陵，賚其裔完顏氏官爵、幣帛。

二十六年，定帝王陵寢與嶽鎭海瀆、先師闕里皆遣官行。四十一年，禮臣言：「堯陵見正史者，兩漢地理志云：『濟陰郡成陽有堯冢靈臺。』劉向傳稱『葬濟陰』。晉地理志：『成陽舜所漁，堯冢在西。』宋史禮志：『在濮州雷澤東穀林山。』呂氏春秋，帝王世紀，水經注所引述征記，括地志，太平寰宇記，路史，集古錄諸說，皆與正史符。後漢元和以來，祀典幷於其地行。明洪武雖改祀東平，而隸魯境則一。乾隆初，定穀林爲堯陵，稽古正訛，萬世可守。嗣後祭告，率由舊章。其平陽一陵，有司祀之，如東平例。」

已，大理寺卿尹嘉銓請罷明宣宗、世宗二陵祭告，廷議以爲：「宣宗有善政，不應以一二事生訾議，唯世宗戮忠親佞，實與史合，應停饗祀。」從之。

四十九年，南巡至江寧，祭明太祖陵，禮臣具儀上，三奠酒，每奠一拜。帝命用祀少昊陵例，二跪六拜，不必奠酒，著爲令。

五十年，幸湯山，道昌平，親酹明成祖陵，繕葺之，仍建定陵饗殿，幷復世宗祀事。

嘉慶元年，罷遣官，敕各省副都統、總兵官舉行。九年，謁東陵，道盤山，閱明陵。故事，往長陵奠醊，遣王大臣致奠餘陵。是日仁宗躬詣，三奠畢，乃三拜。

望祭元太祖、世祖陵，向在德勝門外，位暢春園、圓明園南，帝以爲乖制。命嗣後行慶典，改於淸河以北、昌平以南擇地行禮。

道光十六年，定明陵春秋致祭，由襲侯往行，餘以其族官品峻者攝之，或遣散秩大臣，爲永制。

光緒七年，諭禁開墾明陵旁近地畝。

傳心殿　順治十四年，沿明制舉經筵，祭先師孔子弘德殿。康熙十年續舉，遣官告祭。二十四年，規建傳心殿，位文華殿東。正中祀皇師伏羲、神農、軒轅，帝師堯、舜，王師禹、湯、文、武，南嚮。東周公，西孔子。祭器視帝王廟。歲御經筵，前期遣大學士祗告。祭傳心殿自此始。

明年，帝將御經筵，詔言：「先聖、先師，傳道垂統，炳若日星。朕遠承心學，效法不已，漸近自然。施之政教，庶不與聖賢相悖，其躬詣行禮。」祀日具香燭，鉶一，籩、豆各二，奠帛、爵，讀祝，以祭。帝御袞服，行二跪六拜禮。太子春秋會講，亦先祭告焉。月朔望遣太常卿供酒果上香。雍正四年，定本日行祗告禮，自是以爲常。

乾隆六年，親祭傳心殿，六十年歸政，再行之。歷仁宗、宣宗、文宗，幷親詣祗告，後不復行。經筵儀制，別詳嘉禮。

至聖先師孔子　崇德元年，建廟盛京，遣大學士范文程致祭。奉顏子、曾子、子思、孟子配。定春秋二仲上丁行釋奠禮。世祖定中原，以京師國子監爲大學，立文廟。制方，南嚮。西持敬門，西嚮。前大成門，內列戟二十四，石鼓十，東西舍各十一楹，北嚮。大成殿七楹，陛三出，兩廡各十九楹，東西列舍如門內，南嚮。啓聖祠正殿五楹，兩廡各三楹，燎爐、瘞坎、神庫、神廚、宰牲亭、井亭皆如制。

順治二年，定稱大成至聖文宣先師孔子，春秋上丁，遣大學士一人行祭，翰林官二人分獻，祭酒祭啓聖祠，以先賢、先儒配饗從祀。有故，改用次丁或下丁。月朔，祭酒釋菜，設酒、芹、棗、栗。先師四配三獻，十哲兩廡，監丞等分獻。望日，司業上香。

正中祀先師孔子，南嚮。四配：復聖顏子，宗聖曾子，述聖子思子，亞聖孟子。十哲：閔子損、冉子雍、端木子賜、仲子由、卜子商、冉子耕、宰子予、冉子求、言子偃、顓孫子師，俱東西嚮。西廡從祀：先賢澹臺滅明、宓不齊、原憲、公冶長、南宮适、公晳哀、商瞿、高柴、漆雕開、樊須、司馬耕、商澤、有若、梁鱣、巫馬施、冉孺、顏辛、伯虔、曹卹、冉季、公孫龍、漆雕徒文、秦商、漆雕哆、顏高、公西赤、壤駟赤、任不齊、石作蜀、公良孺、公夏首、公肩定、后處、鄡單、奚容蒧、罕父黑、顏祖、榮旗、句井疆、左人郢、秦祖、鄭國、縣成、原亢、公祖句茲、廉潔、燕伋、叔仲會、樂欬、公西輿如、狄黑、邽巽、孔忠、陳亢、公西蒧、琴張、顏之僕、步叔乘、施之常、秦非、申棖、顏噲、左丘明、周敦頤、張載、程顥、程頤、邵雍、朱熹，凡六十九人；先儒公羊高、穀梁赤、伏勝、孔安國、毛萇、后蒼、高堂生、董仲舒、王通、杜子春、韓愈、司馬光、歐陽修、胡安國、楊時、呂祖謙、羅從彥、蔡沈、李侗、陸九淵、張栻、許衡、眞德秀、王守仁、陳獻章、薛瑄、胡居仁，凡二十八人。

啓聖祠，啓聖公位正中，南嚮。配位：先賢顏無繇、曾點、孔鯉、孟孫氏，東西嚮。兩廡從祀：先儒周輔成、程珦、蔡元定、朱松。

九年，世祖視學，釋奠先師，王、公、百官，齋戒陪祀。前期，衍聖公率孔、顏、曾、孟、仲五氏世襲五經博士，孔氏族五人，顏、曾、孟、仲族各二人，赴都。暨五氏子孫居京秩者咸與祭。是歲授孔氏南宗博士一人，奉西安祀。

十四年，給事中張文光言：「追王固誣聖，而『大成文宣』四字，亦不足以盡聖，宜改題『至聖先師』。」從之。康熙六年，頒太學中和韶樂。二十二年，御書「萬世師表」額懸大成殿，並頒直省學宮。二十六年，御製孔子贊序、顏曾思孟四贊鑱之石。揭其文頒直省。

五十一年，以朱子昌明聖學，升躋十哲，位次卜子。尋命宋儒范仲淹從祀。

雍正元年，詔追封孔子五代王爵，於是錫木金父公曰肇聖，祈父公曰裕聖，防叔公曰詒聖，伯夏公曰昌聖，叔梁公曰啓聖，更啓聖祠曰崇聖。肇聖位中，裕聖左，詒聖右，昌聖次左，啓聖次右，俱南嚮。配饗從祀如故。

二年，視學釋奠，世宗以祔饗廟庭諸賢，有先罷宜復，或舊闕宜增，與孰應祔祀崇聖祠者，命廷臣考議。議上，帝曰：「戴聖、何休非純儒，鄭衆、盧植、服虔、范甯守一家言，視鄭康成淳質深通者有間，其他諸儒是否允協，應再確議。」復議上。於是復祀者六人：曰林放、蘧瑗、秦冉、顏何、鄭康成、范甯。增祀者二十人：曰孔子弟子縣亶、牧皮，孟子弟子樂正子、公都子、萬章、公孫丑，漢諸葛亮，宋尹焞、魏了翁、黃幹、陳淳、何基、王柏、趙復，元金履祥、許謙、陳澔，明羅欽順、蔡淸，國朝陸隴其。入崇聖祠者一人，宋橫渠張子迪。

尋命避先師諱，加「邑」爲「邱」，地名讀如期音，惟「圜丘」字不改。

四年八月仲丁，世宗親詣釋奠。初，春秋二祀無親祭制，至是始定。犧牲、籩豆視丁祭，行禮二跪六拜，奠帛獻爵，改立爲跪，仍讀祝，不飮福、受胙。尙書分獻四配，侍郎分獻十一哲兩廡。明年，定八月二十七日先師誕辰，官民軍士，致齋一日，以爲常。又明年，御書「生民未有」額，頒懸如故事。十一年，定親祭儀，香案前三上香。

乾隆二年，諭易大成殿及門黃瓦，崇聖祠綠瓦。復元儒吳澄祀。三年，升有子若爲十二哲，位次卜子商。移朱子次顓孫子師。

是歲上丁，帝親視學釋奠，嚴駕出，至廟門外降輿。入中門，竢大次，出盥訖，入大成中門，升階，三上香，行二跪六拜禮。有司以次奠獻。正殿，分獻官升東、西階，入左、右門，詣四配、十二哲位前，兩廡分獻官分詣先賢、先儒位前，上香奠獻畢，帝三拜，亞獻、終獻如初。釋奠用三獻始此。其祭崇聖祠，拜位在階下，承祭官升東階，入左門，詣肇聖王位前上香畢，分獻官升東、西階，入左、右門，分詣配位及兩廡從位前上香，三跪九拜。奠帛、讀祝，初獻時行。凡三獻，禮畢。自是爲恆式。

十八年，改正太學丁祭牲品，依闕里例用少牢，十二哲東西各一案，兩廡各三案。崇聖祠四配，兩廡東西各一案，十二哲位各一帛，東西共二篚。其分獻，正殿東西，翰林官各奠三爵；西廡國子監四人，共奠三爵；十二哲兩廡奉爵用肄業諸生。定兩廡位序，按史傳年代先後之。

三十三年，葺文廟成，增大門「先師廟」額，正殿及門曰「大成」，帝親書榜，製碑記。選內府尊彝中十器，凡犧尊、雷文壺、子爵、內言卣、康侯爵、鼎盟簋、雷紋觚、召仲簠、素洗、犧首罍各一，頒之成均。

五十年，新建辟雍成，親臨講學，釋奠如故。嘉慶中，兩舉臨雍儀。

道光二年詔劉宗周，三年湯斌，五年黃道周，六年陸贄、呂坤，八年孫奇逢，從祀先儒。八年，湖北學政王贈芳請祀陳良，帝以言行無可考，寢其議。未幾，御史牛鑑以李顒請，部議謂然，帝斥之。十六年，詔祀孔子不得與佛、老同廟。是後復以宋臣文天祥、宋儒謝良佐侑饗云。咸豐初，增先賢公明儀，宋臣李綱、韓琦侑饗。

三年二月上丁，行釋菜禮，越六日，臨雍講學，自聖賢後裔，以至太學諸生，圜橋而聽者雲集。

七年，增聖兄孟皮從祀崇聖祠，先賢公孫僑從祀聖廟，宋臣陸秀夫、明儒曹端幷入之。十年，用禮臣言，從祀盛典，以闡聖學、傳道統爲斷。餘各視其所行，分入忠義、名宦、鄉賢。至名臣碩輔，已配饗帝王廟者，毋再滋議。同治二年，御史劉毓楠以祔祀新章過嚴，如宋儒黃震輩均不得預，恐釀人心風俗之憂，帝責其迂謬。

是歲魯人毛亨，明呂柟、方孝孺並侑饗。於是更訂增祀位次，各按時代爲序。乃定公羊高、伏勝、毛亨、孔安國、后蒼、鄭康成、范甯、陸贄、范仲淹、歐陽脩、司馬光、謝良佐、羅從彥、李綱、張栻、陸九淵、陳淳、眞德秀、何基、文天祥、趙復、金履祥、陳澔、方孝孺、薛瑄、胡居仁、羅欽順、呂柟、劉宗周、孫奇逢、陸隴其列東廡，穀梁赤、高堂生、董仲舒、毛萇、杜子春、諸葛亮、王通、韓愈、胡瑗、韓琦、楊時、尹焞、胡安國、李侗、呂祖謙、黃幹、蔡沈、魏了翁、王柏、陸秀夫、許衡、吳澄、許謙、曹端、陳獻章、蔡清、王守仁、呂坤、黃道周、湯斌列西廡，幷繪圖頒各省。七年，以宋臣袁燮、先儒張履祥從祀。光緒初元，增入先儒陸世儀。自是漢儒許慎、河間獻王劉德，先儒張伯行，宋儒輔廣、游酢、呂大臨幷祀焉。

二十年仲秋上丁，親詣釋奠，仍用飲福、受胙儀。

三十二年冬十二月，升爲大祀。先師祀典，自明成化、弘治間，已定八佾，十二籩、豆。嘉靖九年，用張璁議，始釐爲中祀。康熙時，祭酒王士禛嘗請酌采成、弘制，議久未行。至是命禮臣具儀上，奏言：「孔子德參兩大，道冠百王。自漢至明，典多缺略。我聖祖釋奠闕里，三跪九拜，曲柄黃蓋，留供廟庭。世宗臨雍，止稱詣學。案前上香、奠帛、獻爵，跪而不立。黃瓦飾廟，五代封王。聖誕致齋，聖諱敬避。高宗釋奠，均法聖祖，躬行三獻，垂爲常儀。崇德報功，遠軼前代。已隱寓升大祀至意。世宗諭言：『堯舜禹湯文武之道，賴孔子以不墜。魯論一書，尤切日用，能使萬世倫紀明，名分辨，人心正，風俗端，此所以爲生民未有也。』聖訓煌煌，後先一揆。近雖學派紛歧，而顯示欽崇，自足收經正民興巨效。」疏上，於是文廟改覆黃瓦，樂用八佾，增武舞，釋奠躬詣，有事遣親王代，分獻四配用大學士，十二哲兩廡用尙書。祀日入大成左門，升階入殿左門，行三跪九拜禮。上香，奠帛、爵俱跪。三獻俱親行。出亦如之。遣代則四配用尙書，餘用侍郎，出入自右門，不飲福、受胙。崇聖祠本改親王承祭，若代釋奠，則以大學士爲之。分獻配位用侍郎，西廡用內閣學士。餘如故。三十四年，定文廟九楹三階五陛制。

御史趙啓霖請以王夫之、黃宗羲、顧炎武從祀。下部議。先是署禮部侍郎郭嵩燾、湖北學政孔祥霖請夫之從祀，江西學政陳寶琛請宗羲、炎武從祀，並被駁。至是部議謂：「三人生當明季，毅然以窮經爲天下倡，德性問學，尊道幷行，第夫之黃書，原極諸篇，託旨春秋；宗羲明夷待訪錄，原君、原臣諸篇，取義孟子，似近偏激。惟炎武醇乎其醇，應允炎武從祀，夫之、宗羲侯裁定。」帝命幷祀之。

闕里文廟，有事祭告，具前祭告篇。春、秋致祭同太學。康熙中，聖祖東巡親祭，禮部具儀。駐蹕次日，帝服龍袞，行在儀仗具陳，行禮二跪六拜，配位、十哲、兩廡、啓聖祠，皆遣官分獻。扈從諸臣，文官知府、武官副將以上，衍聖公曁各氏子孫在職者，咸陪祀。聖心猶未安，命更議。尋定迎神、送神俱三跪九拜，惟樂章與國學小異，可令太常司樂及樂舞生先往肄習。帝親製祝文。祀日詣廟，至奎文閣前降輦，如齋所小憩，自大次出，入大成門，登殿釋奠畢，御詩禮堂講書。禮成，周視廟庭車服、禮器。更常服，駕如孔林，跪奠酒，三爵，三拜，賜衍聖公以下銀幣有差。留曲柄黃蓋陳廟庭。擴孔林地畝，蠲其稅。建廟碑，御書文鑱石。又建子思子廟，仿顏、曾、孟三廟制。

三十二年，修文廟成，皇子往祭，行禮杏壇。雍正二年，曲阜廟災，遣官詣闕里祭慰，敕大臣重建，幷令闕里司樂遣人赴太常習樂舞，冠服悉準太學式爲之。八年，廟成，黃瓦畫棟，悉仿宮殿制。凡登、簠、簋、鉶、籩、豆、尊、爵，頒自上方。勒碑如故事。特詔皇五子往祭。乾隆八年，定闕里聖廟樂章。二十三年，東巡親祭如往制。遣大臣祭顏、曾、思、孟專廟。勒御製四賢贊於石。其盛京學宮所需樂器，乾隆中始敕府尹遵皇朝禮器圖造作，鑄鏞、特磬，製出內廷，特頒太學曁各省學宮，並令府丞選佾生精音律者送太常習舞。厥後以熱河爲時巡所，釁序肇興，定大成殿龕案如太學式，祭器、樂器亦如之。

至各省府、州、縣釋奠，以所在印官承祭，禮如太學，順治初行之。雍正五年，定制各省督、撫、學政上丁率屬致祭。學政莅試時，先至文廟行禮，府、州、縣官率屬於治所文廟行。乾隆六年，敕直省學宮設先賢、先儒神位。同治初，頒從祀先儒位次圖。光緒末，升大祀，各省文廟規制、禮器、樂舞暨崇聖祠祭品，並視太學，禮節悉從舊。

元聖周公　順治十七年，給事中黏本盛奏請文廟後別立傳聖祠。下部議，禮臣言：「祭祀周公，向在太學。至唐顯慶間，以公制禮作樂，功侔帝王，就饗儒宮，欲尊反貶。始定配饗帝王廟，既不與孔子並祭太學，乃反立傳聖祠於其後，殊失尊崇本意也。」事遂寢。康熙二十三年，聖祖祀闕里，詔言：「周公古大聖人，制禮作樂，垂法萬世，廟在曲阜，應行致祭。」乃遣親王及禮部尚書往焉。親製祝文。祭禮，三獻。祭品：羊一、豕一、果五盤、尊一、爵三，敕有司治辦。明年，授東野氏一人博士，奉祀祠廟。二十六年，御書周公廟碑文，依文廟式，勒之貞珉。乾隆十二年，東巡，增登一，鉶二，簠、簋各二，籩、豆各八，遣親王一人行禮。其祀配饗魯公，遣禮部尚書行。明年，幸曲阜，親詣上香，一跪三拜。自是東巡親詣以爲常。四十三年，依孔氏南宗例，置當陽博士，奉祀陵墓。

關聖帝君　清初都盛京，建廟地載門外，賜額「義高千古」。世祖入關，復建廟地安門外，歲以五月十三日致祭。順治九年，敕封忠義神武關聖大帝。雍正三年，追封三代公爵，曾祖曰光昭，祖曰裕昌，父曰成忠，供後殿。增春、秋二祭。洛陽、解州後裔並授五經博士，世襲承祀。尋定春、秋祀儀，前殿大臣承祭，後殿以太常長官。屆日質明，大臣朝服入廟左門，升階就拜位，上香，行三跪九拜禮。三獻，不飲福、受胙。祭後殿二跪六拜。十一年，增當陽博士一人奉冢祀。

乾隆三十三年，以壯繆原謚，未孚定論，更命神勇，加號靈佑。殿及大門，易綠瓦爲黃。四十一年，詔言：「關帝力扶炎漢，志節懔然，陳壽撰志，多存私見。正史存謚，猶寓譏評，曷由傳信？今方錄四庫書，改曰忠義。武英殿可刊此旨傳末，用彰大公。」嘉慶十八年，以林清擾禁城，靈顯翊衞，命皇子報祀如儀，加封仁勇。道光中，加威顯。咸豐二年，加護國。明年，加保民。於是躋列中祀，行禮三跪九叩，樂六奏，舞八佾，如帝王廟儀。五月告祭，承祭官前一日齋，不作樂，不徹饌，供鹿、兔、果、酒。旋追封三代王爵，祭品視崇聖祠。加精誠綏靖封號，御書「萬世人極」額，摹勒頒行。同治九年，加號翊贊。光緒五年，加號宣德。

直省關帝廟亦一歲三祭，用太牢。先期承祭官致齋，不理刑名，前殿印官，後殿丞、史，陳設禮儀，略如京師。

文昌帝君　明成化間，因元祠重建。在京師地安門外，久圮。嘉慶五年，潼江寇平，初寇闚梓潼，望見祠山旗幟，卻退。至是御書「化成耆定」額，用彰異績。發中帑重新祠宇，明年夏告成，仁宗躬謁九拜，詔稱：「帝君主持文運，崇聖闢邪，海內尊奉，與關聖同，允宜列入祀典。」於是大學士朱珪撰碑記，略言：「文昌星載天官書，所謂『斗魁六星，戴匡曰文昌宮』是也。尙書『禋六宗』，孔疏引鄭玄云：『皆天神，司中、司命，文昌第五、第四星也。』周禮大宗伯：『以槱燎祀司中、司命。』鄭注謂文昌星。然則文昌之祀，始有虞，著周禮，漢、晉且配郊祀。元命苞云：『上將建威武，次將正左右，貴相理文緒，司祿賞功進士。』是爵祿、科舉職司久矣。又言帝君周初爲張仲，孝友顯化，隋、唐爲王通，徵李商隱張亞子廟詩，讀孫樵祭梓潼神君文，化書：唐開元命爲左丞，通考：僖宗封爲濟順王，宋眞宗改號英顯，哲宗加封輔元開化文昌司祿帝君，元加號宏仁，蓋可考見云。」禮官遂定議。

歲春祭以二月初三誕日，秋祭，仲秋諏吉將事，遣大臣往。前殿供正神，後殿則祀其先世，祀典如關帝。咸豐六年，躋中祀，禮臣請崇殿階，拓規制，遣王承祭，後殿以太常長官親詣，二跪六拜，樂六奏，文舞八佾，允行。直省文昌廟有司以時饗祀，無祠廟者，設位公所祭之。畢，徹位隨祝帛送燎。

旗纛之祭　天命十年，定瀋陽，還軍扈渾河，刲牛祭纛。天聰元年征朝鮮，明年凱旋，幷立纛拜天。自是出征班師祭纛以爲常，時旗纛附祀關帝廟也。世祖入關後，始行望祭。凡親征諏吉啓行，先於堂子內門外建御營黃龍大纛，按翼分設八旗大纛、火器營大纛各八，列其後，並北嚮。帝御戎服佩刀，出宮乘騎，入堂子街門降。圜殿禮畢，出內門致禮纛神，率從征將士三跪九拜，不贊。禮成樂作，鑾駕啓行，領侍衞內大臣、司纛侍衞率親軍舉纛從。

凱旋致祭，届日陳法駕鹵簿，自郊外五里訖堂子門外。駕至郊，降輿拜纛如儀。命將出師亦如之。聖祖征噶爾丹凱旋，翼日爲壇安定門外，致祭隨營旗纛，用太牢，始遣大臣行禮。雍正初，定三年一祭。

凡旗纛皆庋內府，祭則設之。各省祭旗纛，則遣武官戎服行禮焉。

礮位之祭，天聰五年，造紅衣礮，鐫曰天佑助威大將軍，遂攜以𤊹于子章臺，克大淩河，行軍攜紅衣礮始此。

厥後敕漢軍賷礮進關。世祖奠鼎燕京，定制以歲季秋朔，陳礮位盧溝橋沙鍋村，席地爲壇，西嚮，以八旗漢軍都統將事。分旗翼列，用果品、少牢。屆時先鑲黃旗礮位，都統御補服，上香，三跪九拜，三獻，讀祝。餘七礮位亦如之。副都統以次陪祀。聖祖凱旋，設壇德勝門外，祭品如祭纛。世宗亦定三年一祭。乾隆十四年，滿洲火器營始祭八旗子母礮神，總統承祭，如漢軍祀礮儀。其後定滿洲祀礮依漢軍例，季秋赴盧溝橋演礮，卽以其日祭焉。三十年，祀礮始用祝版，並專設祭器。

羣祀　先醫，初沿明舊，致祭太醫院景惠殿，歲仲春上甲，遣官行禮。祀三皇，中伏羲，左神農，右黃帝。四配：句芒、風后、祝融、力牧。東廡僦貸季、岐伯、伯高、少師、雷公、伊尹、淳于意、華陀、皇甫謐、巢元方、韋慈藏、錢乙、劉完素、李杲十四人，西則鬼臾區、俞跗、少俞、桐君、馬師皇、扁鵲、張機、王叔和、葛洪、孫思邈、王氷、朱肱、張元素、朱彥修十四人。禮部尙書承祭。兩廡分獻，以太醫院官。禮用三跪九拜。三獻。雍正中，命太醫院官咸致齋陪祀。

都城隍廟有二，舊瀋陽城隍廟，自元訖明，祀典勿替。淸初建都後，陞爲都城隍廟，有司以時致祭。其在燕京者，建廟宣武門內。順治八年仲秋，遣太常卿致祭，歲以爲常。用太牢，禮獻如祀先醫。萬壽節遣祭，加果品。雍正中，改遣大臣，嗣復命親王行禮。禁城城隍廟建城西北隅。皇城城隍廟建西安門內，曰永佑宮，萬壽節或季秋，遣內府大臣承祭，用少牢。

北極佑聖眞君廟，建地安門外日中坊橋東，曰靈明顯佑宮。順治中，定制萬壽節遣官祭，後改遣大臣。設果盤五、餅餌盤十五、茶琖三，行禮三跪九拜。

火神廟，建日中坊橋西。康熙初，定歲六月二十三日遣太常卿祭，後改遣大臣。用少牢。雍正中，改太牢。帛初用白，乾隆中改用赤。餘如祀北極儀。

東嶽廟，在朝陽門外，歲祭以萬壽節。

龍神之祭，黑龍潭廟建西北金山巓，聖祖、世宗親製碑記。乾隆五年，錫號「昭靈沛澤」。玉泉山廟，九年錫號「惠濟慈佑」。昆明湖祠，舊曰廣潤靈雨祠，錫號「安佑普濟」，嘉慶中，加「沛澤廣生」。京畿旱，帝親禱黑龍潭廟。乾隆四十六年，錫號「昭靈廣濟」。嘉慶間，始列祀典，遣散秩大臣往祭惠濟祠。河神廟建綺春園內，祀天后、龍神、河神，並春、秋致祭，遣圓明園大臣將事。儀品俱視都城隍廟。

其祀之無定時、定所，及有司以時專祭者，后土司工之神，順治初制，凡大興作，因其方築左右壇，建綵棚，遣官往祭，用少牢餅果。若大工迎吻，祭琉璃窰神暨各門神，如祭司工禮。咸豐間，錫號圓明園春雨軒司工神曰昭休敷禧眞君，土母曰夫人。命內府大臣春、秋奉有祀。司機神，順治季年設織造局，始行祭告，禮部長官主之。司倉神，通州三倉，舊惟西倉有祠。京內七倉，惟右翼興平倉有祠，雍正間重葺。繇是左翼置廟海運倉。京外五倉，置廟儲濟倉，並立神位。倉場侍郎承祭，用少牢、果品，倉監督陪祀，二跪六拜。諸祭將事以黎明，與祭者咸朝服，此其大凡也。至特旨建祠京師者，具見後簡。

若夫直省禦災捍患有功德於民者，則錫封號，建專祠，所在有司秩祀如典。

世祖朝，宿遷祀河神宋謝緒。

聖祖朝，成都祀諸葛亮；福建暨各省祀天后宋林氏女。

世宗朝，各省祀猛將軍元劉承忠。先是直隸總督李維鈞奏：「蝗災，土人禱猛將軍廟，患輒除。」於是下各省立廟祀。已，兩江總督查弼納亦言：「猛將軍廟祀所在無蝗害，無廟處皆爲災。」被訶責。詔言：「水旱蝗災，疆吏當修省，勿專事祈禱。」錢塘祀伍員，封英衞公；臨安祀錢鏐，封誠應王；蕭山祀宋張夏，封靜安公；紹興祀明知府湯紹忠，封寧江伯，後司事莫龍附焉；汶上祀明尚書宋禮，封寧漕公，老人白英封永濟神附焉；灌縣祀秦蜀守李冰，封敷澤興濟通裕王，子二郎，爲承績廣惠英顯王；德清祀元戴繼元，封保濟顯佑侯；徐聞祀故水師副將江啓龍，封英佑驍騎將軍，後附祀張瑜，錫號「襄靖普佑」；江南山陽祀唐許遠，封威靈顯佑王；浮梁祀張巡，錫號「顯佑安瀾」。

高宗朝，陳留祀河神守才，後建廟江南，曰靈佑觀；清河祀明張襄，封彰靈衞漕將軍；廣西祀蜀將武當，封顯佑英濟廣福王；濱河各縣祀故河督朱之錫，封助順永寧侯。

仁宗朝，追封天后父積慶公，母曰夫人；永綏鎭筸祀宋楊灝，封宣威助順靖遠侯；蕪湖祀蜀漢孫夫人；曹縣祀張桓侯飛、趙將軍雲；江南山陽祀湖神譚氏，封昭靈顯佑水府都君；南昌祀旌陽令許遜，封靈感普濟神；直省祀純陽演正警化孚佑帝君唐呂岩；仁和祀孚順侯宋蔣崇仁，弟孚惠侯崇義、孚佑侯崇信；會稽祀漢曹娥，封福應夫人；慈谿祀天井潭神宋劉揚祖；義烏祀明漕運總管陳道興；都昌左蠡鎭祀元將軍長興；湖州、蘇州祀太湖神明王天英；高郵祀露筋祠神；淮揚運河廳祀康澤靈應侯宋耿裕德；漢城祀竇孝婦；錢塘祀金華將軍五代曹杲。

宣宗朝，翁源祀元詹姓三神，並封侯。建德祀故知府王光鼎；浙江新城祀宣靈王周雄；黔陽祀殉難知縣周文煜；鄞縣祀濱江靈廟神宋晁說之，封孚惠侯；白鶴山廟神唐任侗；茅山廟神張仁皓；長沙祀元李育萬，封廣濟李眞人；莆田祀宋長樂錢氏室女；蕭山祀江塘神元楊伯遠妻王氏；又祀唐董戈管、張實、張耀、張聖，宋盧萬，故知縣賈國楨、姚文熊；浙江祀太湖神晉張賁；鄮溪廟神宋裴肅；仁和祀宋施全爲興福廟神；奉化祀元馬稱德爲進林廟神；滕縣祀明馮克利爲三界廟神；慈谿祀漢張竟暨子齊芳；杭州祀靈感廣大觀音大士，加封慈濟；郫縣祀古蜀王杜宇，開明；綿州祀漢蔣琬；新寧祀宋陳仲眞；欽州祀故副將景懋；永定河、張秋鎭並祀九龍陳將軍；福建歸化祀福順夫人莘氏。

文宗朝，臨清、東昌、河南正陽關並祀金龍四大王，靖遠、鎭遠、綏遠三侯，俱晉王爵；永城祀觀音大士、孚佑帝君；潮陽及江南高堰祀顯佑安南神；潮陽祀威顯靈佑王；廣東祀明石康令羅神；長沙祀晉陶淡暨姪烜，並號陶眞人；桂平祀孚應惠濟王宋甘佃；連江祀崇福昭惠慈濟夫人唐陳昌女，孚濟將軍黃助暨弟昭遠將軍；會稽祀回向廟神漢陳德道；杭州、嘉興、湯陰、武昌並祀宋岳飛；三水祀玄壇正一眞神；靈山祀明朱將軍統鑒；潮州祀安濟王漢王伉；奉化祀漢陳鴻；歸善祀明王守仁、後唐何澤、元譚道；歙縣祀唐汪華，陳程靈洗暨子文季；嚴州祀孚惠王唐邵仁祥；鎭洋祀元忠正王李祿、宋忠惠侯楊滋；壽寧祀懿政天仙馬氏女；全州祀無量壽佛唐周全眞，威信侯柴崇謐；攸縣祀唐杉仙眞人陳皎；淳安祀吳山陰侯賀齊；宜章祀唐武陵侯黃師浩；四會祀宋阮大師子郁、梁化師慈能；南雄祀聖化夫人練氏；淮安祀周王子晉；封普惠祖師。

穆宗朝，加金龍四大王封號至四十字，廟祀封丘、臨清、張秋鎭、六塘河；封故河督栗毓美誠孚粟大王，附祀鄆城神廟；廣東祀大鑑禪師盧惠能，靈通侍者陳道明；寶山祀故知縣胡仁濟；廣州祀唐陳四公、五公；廣豐祀明太保胡德濟；瀏陽祀宋指揮溫康孟；襄垣祀昭澤王唐焦姓神；山陰祀元楊興嗣；福建永安祀唐田王李肅；廣東祀石龍太夫人馮冼氏，錫號「慈佑夫人」；上饒祀鷹武將軍唐李德勝；善化祀朗公普濟眞君唐邱姓神，明李眞人潤濟；羅定祀殉難州同金芳，封護國神；貴州祀唐南霽雲；會昌祀晉賴公神；新會祀宋戴存仁；上虞祀顯應侯宋陳賢，封護國潮神；張秋鎭祀明楊四將軍，故河督黎世序，封孚惠河神；長沙祀周眞人福壽，瞿眞人餐岑；溫州祀唐楊精義；陽曲祀晉大夫竇犨；孟縣祀晉趙武；上虞祀唐桑憲保，封桑王神；濱河祀故祥河同知王仁福，封將軍；南安祀宋廣澤尊王郭忠；棲霞祀元邱眞人處機；麻城祀五腦山土主神張瑞；高要祀太保神宋盧僧；邵陽祀唐鄭洞天；黔陽祀唐孝子劉三將軍；江都祀漢杜女仙暨康女仙紫霞；平江祀唐楊孝仙耀庭。

德宗朝，甌寧祀三聖夫人；福建祀白玉蟾眞人葛長庚；增城祀賓公佛；上杭祀黃仙師、倖仙師；介休祀空王古佛田志超；雙流祀僧大朗；廣德祀漢張渤；項城祀傅宗龍；寧武祀明周遇吉；封丘祀漢百里嵩；長樂祀唐郭子儀；長沙祀雷萬春；交城祀晉大夫狐突；潞城祀唐李靖；臨海祀唐林洪；雲陽祀張飛；廣西祀漢馬援，明王守仁。

光緒二十七年，兩宮西狩，回鑾，御舟濟河，波濤不驚，特加大王、將軍諸封號。凡予祀皆有封號，不悉紀，紀其著者。或前朝已封，今復加號，或當代始封，後屢加號，則悉略之。定例，封號至四十字不復加，間有之，非常制，止金龍四大王四十字外加號錫祜，天后加至六十字，復錫以嘉佑云。

五祀，初循舊制，每歲暮合祭太廟西廡下。順治八年定制，歲孟春宮門外祭司戶神，孟夏大庖前祭司竈神，季夏太和殿階祭中霤神，孟秋午門西祭司門神，孟冬大庖井前祭司井神，中霤門、午門二祀，太常寺掌之，戶、竈、井三祀，內務府掌之，於是始分祭，旋復故。逮聖祖釐祀典，再罷之，并停專祀。惟十二月二十三日，宮中祀竈以爲常。

八蜡之祭，清初關外舉行，廟建南門內，春、秋設壇望祭。世祖入關，猶踵行之。乾隆十年，詔罷蜡祭。時廷臣猶力請行古蜡祭，高宗諭曰：「大蜡之禮，昉自伊耆，三代因之，古制敻遠，傳注參錯。八蜡配以昆蟲，後儒謂害稼不當祭。月令：『祈年於天宗。』蜡祭也。注云『日、月、星、辰』，則所主又非八神。至謂合聚萬物而索饗之，神多位益難定。蜡與臘冠服各殊，或謂臘卽蜡，或謂蜡而後臘。自漢臘而不蜡，魏、晉以降，廢置無恆。或溺五行家言，甚至天帝、人帝及龍、麟、朱鳥，爲座百九十二，議者謂失禮。蘇軾曰：『迎貓則爲貓尸，迎虎則爲虎尸，近俳優所爲。』是其跡久類於戲也，是以元、明廢止不行。況蜡祭諸神，如先嗇、司嗇、日、月、星、辰、山、林、川、澤，祀之各壇廟，民間報賽，亦借蜡祭聯歡井閭。但各隨其風尚，初不責以儀文，其悉罷之。」自是無復蜡祭矣。

祭厲　明制，自京師訖郡、縣，皆祭厲壇。清初建都盛京，厲壇建地載門外。自世祖入關後，京師祭厲無聞焉。唯直省城隍合祀神祇壇，月朔、望有司詣廟上香，二跪六拜，暘雨愆期則禱。復以城隍主厲壇祀。

順治初，直省府、州、縣設壇城北郊，歲以清明日、七月十五日、十月朔日，用羊三、豕三、米飯三石、香燭、酒醴、楮帛祭本境無祀鬼神。府曰郡厲，縣曰邑厲。先期備祭物，有司詣城隍廟以祭厲告。屆日設燎爐壇南，奉城隍神位安壇正中。詣神位前跪，三上香，行禮用三拜。送燎，奠三爵，退，神位復初。

清史稿卷八十五

志六十

禮四 吉禮四

堂子祭天　坤寧宮祀神　令節設供　求福祀神　奉先殿　壽皇殿

安佑宮 綏成殿附　滿洲跳神儀

堂子祭天　清初起自遼瀋，有設杆祭天禮。又於靜室總祀社稷諸神祇，名曰堂子。建築城東內治門外，卽古明堂會祀羣神之義。世祖既定鼎燕京，沿國俗，度地長安左門外，仍建堂子。正中爲饗殿，五楹，南嚮，彙祀羣神，上覆黃琉璃。前爲拜天圜殿，北嚮。中設神杆石座，稍後，兩翼分設各六行，行各六重，皇子列第一重，次親王、郡王、貝勒、貝子、公，各按行序，均北嚮。東南爲上神殿，三楹，南嚮。祭禮不一，而以元旦拜天、出征凱旋爲重，皆帝所躬祭。其餘月祭、杆祭、浴佛祭、馬祭，則率遣所司。崇德建元，定制，歲元旦，帝率親王、藩王迄副都統行禮。尋限貝勒止，已復限郡王止，並遣護衞往掛紙帛。

凡親祭，前期十二月二十六日，內府官赴坤寧宮請朝祭、夕祭神位，安奉神輿，內監舁行。前引御仗八、鐙四，司俎官六人，掌儀司一人，侍衞十人，導至饗殿供奉。朝夕獻香如儀。故事，神位所懸紙帛，月終積貯盛以囊，除夕送堂子，與淨紙、神杆等同焚。時內府大臣率長史、護衞掛新紙帛各二十有七。昧爽，帝乘輿出宮，陪祀王公等隨行。至堂子內門降，入中門，詣圜殿就拜位，南嚮，率羣臣行三跪九叩禮。畢，回鑾。翼日，奉神位還宮。康熙十一年，詔元旦拜堂子禮宜明備，用鳴贊官。明年，罷漢官與祭。二十九年，諭令皇子隨行禮，內府大臣圜殿進楮帛畢，次進皇太子楮帛。

月祭，歲正月初旬諏吉，餘月朔日。司俎二人，就杉柱上掛紙帛數等。元旦，案陳時食盤一、醴酒琖一。司香上香，內監執三絃、琵琶，坐甬道西，守堂子人持拍板坐其東。司祝進跪，司香授琖，司祝受之，獻酒。奏神絃，鳴拍板，拊掌應節。凡六獻，皆贊歌「鄂囉羅」，守堂子人亦歌。獻畢，一叩，興，合掌致敬。絃、板止，司祝執神刀進，奏絃、拍板如初。司祝一叩，興，司俎贊歌「鄂囉羅」，衆和歌。司祝舉神刀誦神歌曰：「上天之子，紐歡台吉，武篤本貝子，某年生小子，某年生小子，今敬祝者，豐於首而仔於肩，衞於後而護於前。畀以嘉祥兮，齒其兒而髮其黄兮，偕老而成雙兮，年其增而歲其長兮，根其固而身其康兮。神兮貺我，神兮佑我，永我年而壽我兮。」凡三禱，如前儀，誦贊者九。司祝跪，一叩，興，誦贊三。紘、板止，復跪，一叩，興，合掌退。

立杆大祭，歲春、秋二季月朔，或二、四、八、十月上旬諏吉行，杆木以松，長三丈，圍徑五寸。先一月，所司往延慶州屬採斲，樹梢留枝葉九層，架爲杆，賚至堂子。前期一日，樹之石座。崇德初，定親王、郡王、貝勒祭三杆，貝子、鎭國、輔國公二，鎭國、輔國將軍一。月朔大內致祭，初二日後依次祭，凡祭三杆者，定期內祭其一，過旬祭其二。祀日有數家同者，仍按位爲等差，違例多祭與爭先越祭並處罰。後改定大內至入八分公俱祭一杆，將軍不祭。

屆日，司香豫懸神幔，炕上置漆案，陳楪三。前置梏案，黄磁盌二。圜殿置二梏案，高者陳爐，卑者陳盌，前設綵氈。司俎二人赴坤寧宮請佛亭及菩薩、關帝像，舁至堂子。安佛亭於座，像懸幔以三繩，繫兩殿神杆間。懸黄旙，掛紙帛，圜殿掛帛亦如之。饗殿北炕案上陳打糕、搓條餑餑盤九，酒琖三，圜殿高案則盤三琖一。每獻，司祝挹盌酒注琖，兩殿祭獻歌禱如前儀。祝辭曰：「上天之子，佛及菩薩，大君先師，三軍之帥，關聖帝君，某年生小子，某年生小子，今敬祝者，貫九以盈，具八以呈，九期屆滿，立杆禮行。爰繫索繩，爰備粢盛，以祭於神靈。」餘辭同月祭。卒事，司香捲幔、徹像奉入宮。

若帝親祭，殿內敷綵席，覆紅氈，甬道布椶薦。屆時乘輿出宮，滿大臣隨扈至堂子街，王公跽俟，輿，從之。帝降輿入中門，詣饗殿前東嚮坐，司祝獻酒，舉神刀，禱祝，奏絃、拍板，拊掌，歌「鄂囉羅。」帝入，一跪三叩。圜殿同。畢，陞座，賜王公等炕前坐。尚膳正、司俎官進胙糕，尚茶正獻福酒，帝受胙，分賜各王公。禮成，還宮。遇壇、廟齋期或淸明節，再涓吉以祀。

月朔祀東南隅尙錫神亭，卽堂子上神殿也。神曰田苗，神案上盤一、琖一，分陳時食醴酒，司香上香，司俎掛淨紙杉柱上，諸王護衞依次掛之。內管領一人入，除冠服，解帶，跪叩，祝辭曰：「上天之子，尙錫之神，月已更矣，建始維新，某年生小子，敬備粢盛兮，潔楮並陳。惠我某年生小子，貺以嘉祥兮，畀以康寧。」畢，退。或謂祀明副總兵鄧子龍也，以與太祖有舊誼，故附祀之。

四月八日佛誕，祭祀前期，饗殿懸神幔，選覺羅妻正、副贊祀二人爲司祝。祭日，不祈報，不宰牲，不理刑名。屆時赴坤寧宮請佛亭及菩薩、關聖像，司俎內監置椶葉餑餑、釀酒、紅蜜於盒以從，至則陳香鐙，獻糕酒，取紅蜜暨諸王供蜜各少許，注黃磁浴池。司祝請佛，浴畢，以新棉承座，還奉佛亭，陳椶葉餑餑九盤，酒琖、香碟各三，並諸王所供餑餑、酒。圜殿亦如之。司香上香，司祝獻酒九巡，餘略如月祭、杆祭。崇德元年，定八旗王、貝勒各一人，依次供獻。厥後唯親王、郡王行之。

馬祭，歲春、秋季月，爲所乘馬祀圜殿。正日，司俎掛紙帛如常數，陳打糕一盤、醴酒一琖，縳馬鬉、尾綠紬二十對。司香上香，牧長牽十馬，色皆白，立甬道下。司祝六獻酒，奏樂如儀。所禱之神同月祭，唯祝辭則易爲所乘馬。「敬祝者，撫脊以起兮，引鬣以興兮，嘶風以奮兮，嘘霧以行兮，食草以壯兮，齧艾以騰兮。溝穴其弗踰兮，盜賊其無攖兮。神其貺我，神其佑我。」禱訖，取紬條就香爐薰禱，司俎以授牧長，繫之馬尾。是日，馬神室並奉朝祭、夕祭神位，遣內府大臣行禮。朝祭豫懸幔，舁供佛小亭奉炕上，案陳香、酒、食品。司俎進二豕，熟而薦之。司香上香，舉琖授司祝，司祝進跪三獻，歌奏如前。訖，授琖司香，一叩，興，合掌致敬。復跪，祝，一叩，興。取縳馬鬉、尾紅紬條七十對，就香碟薰禱，授司俎官，轉授上駟院侍衞，分給各廠、院。卿、侍衞、廐長入，隨食肉。

其夕祭儀略如朝祭，俟肉熟分陳案上，進跪叩祝同。司祝坐杌置夕祭定處，設小案、小腰鈴，別置神鈴。案東展背鐙布幕，振鈴杆，搖腰鈴，誦神歌，前後所禱所祝之神詳下。

背鐙祭，其禱辭同朝祭，祈請者四，禱後跪祝辭、供肉祝辭亦如之。畢，取縳馬鬉、尾青紬條三十對，仍就香碟薰禱授如初。翼日，爲牧羣滋息，復行朝、夕祭如初禮。唯祝辭易「今爲牧羣繁息」六字，「溝穴」二句易爲「如萌芽之發育兮，如根本之滋榮兮」，餘辭並同。又司香取縛馬鬉、尾紬條二百八十對，皆青色。崇德初制，爲馬羣致祭，唯親王至輔國公得行。乾隆三十六年，定春、秋騸馬致祭，薩滿叩頭。薩滿者，贊祀也。訖，取所送青色十馬繫綠紬條如數。又定朝祭御馬拴紅紬條，大凌河騍馬拴青紬條，爲恆制。

凡出師凱旋，皆有事堂子。崇德元年，太宗征明及朝鮮，明年班師，並告祭。世祖定中原，建堂子。嗣是聖祖平吳三桂、察哈爾，迄歷朝靖亂，皆以禮祇告。

凡親征告祭命下，涓吉，屆期兵部建大纛，具祀纛篇。帝御戎服，出宮乘騎，前後翊衞，午門鳴鐘鼓，法駕鹵簿爲導，鐃歌大樂，備而不作。至玉河橋，軍士鳴角螺，帝入堂子街門降騎，角螺止。入中門，詣圜殿就拜位，南嚮立，率羣臣行三跪九叩禮。角螺齊鳴。出內門，致禮纛神。禮成，樂作，車駕啓行。凱旋日，率大將軍及從征將士詣堂子告成。若命重臣經略軍務以討不庭，禮亦如之。

乾隆十四年，詔言：「堂子致祭，所祭卽天神也。列祖御宇，稽古郊禋，燔柴鉅典，舉必以時。堂子則舊俗相承，凡遇大事，及春、秋季月上旬，必祭天祈報，歲首尤先展禮。定鼎以來，恪遵舊制。考經訓祭天，有郊、有類，有祈穀、祈年，禮本不一。兵戎國之大事，命將先禮堂子，正類祭遺意，禮纛卽禡也。或在行營別有征討，不及祭告堂子，則行望祭，其誠敬如此。夫出師告遣，凱旋卽當告至。乃天地、宗社皆已祝册致虔，且受成太學，而堂子則弗及，禮官疏略，如神貺何？其詳議以聞。」尋奏凱旋、告祭之禮。報可。

坤寧宮祀神　昉自盛京。既建堂子祀天，復設神位清寧宮正寢。世祖定燕京，率循舊制，定坤寧宮祀神禮。宮廣九楹，東暖閣懸高宗御製銘，略言：「首在盛京，清寧正寢，建極熙鴻，貞符義審。思媚嗣徽，松茂竹苞，神罔時恫，執豕酌匏。」其眷眷祀神如此。

宮西供朝祭神位，北夕祭神位，廷樹杆以祀天。朝祭神爲佛、爲關聖，夕祭神爲穆哩罕諸神，祝辭所稱納丹岱琿爲七星之祀，喀屯諾延爲蒙古神，並以先世有功而祀者。餘如年錫、安春阿雅喇諸號，「納爾琿、安哲、鄂囉羅」諸字，雖訓義未詳，而流傳有自。

綜其所祀，曰元旦行禮，曰日祭，曰月祭及翼日祭，曰報祭，曰大祭，曰背鐙祭及翼日祭，曰四季獻神。其儀節大率類堂子。茲略舉其小異者。

元旦子刻，司香上香，帝、后行禮。日祭，順治初，定大內日祭，朝以丑、寅，夕以未、申。

朝祭，司香豫懸黃幔，奉菩薩、關帝像，東嚮。左、右炕上置低桌二，陳鑪、琖各三，時果九，糕十。炕前置獻案，黃磁盌二，虛其一，以一實酒。案下列樽酒，前設釆氈。昧爽，司俎等進二豕，司香獻香，執絃板內監暨司俎官帥屬進，奏神絃，拍板，拊掌應節。司祝跪六獻，酒灌虛盌中，一叩，興，合掌致敬。餘如堂子朝祭儀。司祝復跪，一叩，興。又誦贊三，絃板止，侍側。帝親詣，入門，立神位前。司祝先跪，帝跪。司祝致辭，帝行禮，興，司祝叩，興，合掌致敬。后隨行禮。將事者俱退，留司俎、司祝、司香婦人侍行禮。時帝南后北，帝不與祭。司祝叩興後，徹琖，奉神像納黃筩，位西楹大亭中。

徙幔稍南，安關帝像正中，執絃板者進，跪坐，司香斂氈三折之，奏絃拍板如初。司祝跽氈上，致辭，獻香酒，司祝酌酒，執豕耳灌之，一叩，絃板止。司祝舉豕於俎，復奏，拍，灌如初，一叩，興，退。司俎如法封牲，熟而薦之。司香獻香，司俎進跪，凡三獻，俱奏絃、拍板、拊掌。畢，徹饌，列胙長案上，或帝率后受胙，或率王、公等食肉，否則大臣侍衞進食之。

夕祭，司香豫懸青幔，西樹杆，懸大小神鈴七。幔內奉穆哩罕神、畫像神、蒙古神，南嚮。前低桌二，陳鑪、琖各五。別懸菩薩像西楹大亭，鋪油紙，設案如朝祭。既上香，司祝繫裙、束腰鈴、擊手鼓，坐杌上誦神歌祈請曰：「自天而降，阿琿年錫之神，與日分精，年錫之神，年錫唯靈。安春阿雅喇、穆哩穆哩哈、納丹岱琿、納爾琿軒初、恩都哩僧固、拜滿章京、納丹威瑚哩、恩都蒙鄂樂、喀屯諾延，某年生小子，今爲所乘馬敬祝者」云云。辭同馬祭，擊鼓拍板和之。初禱曰納丹岱琿、納爾琿軒初，二禱曰恩都哩僧固，三禱曰拜滿章京、納丹威瑚哩、恩都蒙鄂樂、喀屯諾延，三禱並爲馬祝云云。皆擊鼓爲節，內監亦擊拍板以和，止，退，釋手鼓腰鈴，司香設采氈，帝親行禮如朝祭儀。后隨行，則帝東后西。封牲、薦俎暨叩跪、致辭如初。畢。遇齋期、國忌，不宰牲。並十二月二十六日請神送堂子後，宮內均停祭。

乾隆十二年，制定坤寧宮祭神背鐙供獻，其儀，夕祭薦肉後，司香斂氈，展青綢幕，掩鐙火，衆出闔戶，留司祝及執板鼓內監侍。司祝坐杌上振杆鈴，初向神鈴致祈請，辭曰：「哲，伊埒呼，哲，納爾琿。掩戶牖以迓神兮，納爾琿。息甑竈以迓神兮，納爾琿。來將迎兮，侑坐以俟，納爾琿。秘以俟兮，几筵具陳，納爾琿。納丹岱琿藹然降兮，納爾琿。卓爾歡鍾依惠然臨兮，納爾琿。感於神靈兮來格，莅於神鈴兮來歆，納爾琿。」二次搖神鈴致禱，辭曰：「納丹岱琿、納爾琿軒初、卓爾歡鍾依、珠嚕珠克特亨，某年生小子，今爲所乘馬祝者」云云。餘辭同馬祭。三次向腰鈴致祈請，辭曰：「哲，伊埒呼，哲，古伊雙寬。列几筵以敬迓，古伊雙寬。潔粢盛兮以恭延，古伊雙寬。來將迎兮盡敬，古伊雙寬。秘以俟兮申虔，古伊雙寬。乘羽葆兮陟於位，古伊雙寬。應鈴響兮降於壇，古伊雙寬。」四次搖腰鈴，復致禱，辭曰：「籲者唯神，迓者斐孫，犧牲既陳，奔走臣鄰。仍爲所乘馬敬祝者」云云。每次並擊鼓拍板以和。畢，啓扉明鐙，司俎徹俎，司香捲幔，奉神像納朱匱。

月祭略同日祭，唯食品因月而殊，灌豕耳以酒不以水。如爲皇子祭祀，則司祝禱祝，皇子叩拜。

翼日祭天，安佛、菩薩像西楹大亭，神杆東北置案一，西嚮。奉杆倚柱座前，杆首嚮東仰。案陳銀盤三，一實米居中。西北置幔架，覆紅罽。東北置牲案。昧爽，司俎進一豕。司香設采氈閾內，帝行禮，嚮神杆南面跪。司俎進，舉盤中米灑之。祝禱畢，興。不親祭，則司祝奉御衣叩拜。后隨行，帝居中，后傍西。封牲熟薦，陳頸、膽左右銀盤，縷肉爲膾，列盌二，佐以筯；炊稗爲飯，列盌二，佐以匙；相間以獻。帝復行禮，灑米如初。禮成，司俎奉頸骨杆端，膽、膾及米置杆盌，杆遂立。以所獻肉飯進，帝后受胙，退。如爲皇子祭天，則皇子叩拜。不親祭，則司祝奉皇子衣服叩拜。

報祭，歲春、秋二季，立杆大祭。前期四旬，釀酒西炕上，祭前一日漉之。司香染布爲神冠，製楮帛。

大祭日，司俎婦人打糕作穆丹條子，餘如前儀。其翼日祭天，與月祭翼日同。

四孟月大祭，亦曰四季獻神，懸朝祭、夕祭神幔，並同日祭儀。涓吉，具馬二，牛一，金、銀錠各二，蟒緞、龍緞、片金倭緞、閃緞、各色緞十，毛青布十，置案。掌儀官等前引，內府大臣、上駟院卿同行。自乾清右門舁入，逕交泰殿，至坤寧宮門外。陳馬於西，列牛於東。司俎等奉金銀緞布入，司香陳案上，奉朝祭神位前，加金銀其上。司祝跪致辭，一叩，興。復舉案夕祭神位前，如上儀。帝親祭，禮同月朔。陳獻畢，司香舉金銀緞布貯案下，侍衞等牽牛馬出。越三日，宮殿監諸神位前，以金銀緞布及牛馬授會計司發售，計直購豕以祭。故事，帝獵南苑或他所，射得麅、鹿，如尾蹏腑臟無傷者，雖小創必整潔之，備供獻，傷多體缺者舍之。至四時進獻，按時以奉，春雛雞二，夏子鵝一，秋魚一，冬雉二，選肥且澤者以將誠焉。

令節設供　萬壽節、元旦節，宮殿監率各首領設供案天香亭內，北嚮。奉安神牌、香燭、鐙爐、斗香、拜褥各具，陳祭品七十有五。屆時帝拈香行禮，畢，送燎還宮。

冬至、夏至或未親行郊禮，則設供宮中。宮殿監設供案，冬至北嚮，夏至南嚮。奉安神牌、祭品同，拈香送燎亦如之。

立春、立夏、立秋、立冬設案如前儀。春東嚮，夏南嚮，秋西嚮，冬北嚮。陳祭品三十有六，羊、豕各一，儀如初。

仲春朔祭日，仲秋望祭月，七月七夕祭牛、女，陳祭品四十有九。帝行禮畢，宮殿監奏請皇后、皇貴妃、貴妃、妃、嬪行禮，畢，帝送燎還宮。

求福祀神　所稱佛立佛多鄂謨錫瑪瑪者，知爲保嬰而祀也，亦名換索。其儀，諏吉有期，豫釀醴酒。前期數日，選無事故滿洲九家，攢取棉綫綢片，捻綫索二紐，小方戒綢三。先一日，司俎官偕奉宸苑官赴西苑斫取柳條全株，高九尺，圍徑三寸。屆期赴坤寧宮廊下，樹柳枝於石，懸淨紙、戒綢。幔懸神像。炕上設低案一，陳香碟、醴酒各三，豆糕、煤糕、打糕各九。西炕設求福高案，陳鯉魚、稗米飯、水餻子各二，醴酒、豆糕等皆九數。稍北植神箭，懸綫索其上，用三色綢片夾繫之，令穿出戶，繫之柳枝。司香展釆氈，帝、后親詣行禮，如朝祭儀。

內監司俎官率屬進，奏神絃，鳴拍板，司祝執神刀進，誦神歌禱辭曰：「聚九家之綵綫，樹柳枝以牽繩。舉揚神箭，以祈福佑，以致敬誠。某年生小子，綏以多福，承之於首，介以繁祉，服之於膺。千祥薈集，九敍阜盈。亦既孔皆，福祿來成。神兮貺我，神兮佑我。豐於首而仔於肩，衞於後而護於前。畀以嘉祥兮，偕老而成雙兮。富厚而成雙兮，富厚而豐穰兮。如葉之茂兮，如木之榮兮。食則體腴兮，飲則滋營兮。甘旨其獻兮，朱顏其鮮兮。歲其增而根其固兮，年其永而壽其延兮。」如是者三，衆歌「鄂囉羅」和之。

禱畢，司香舉綫索、神箭授司祝，司香舁高案出戶外，列柳枝前。司祝左執神刀，右執神箭，立案前。帝立正中，后立檻內東次。皆跪，司祝對柳枝舉揚神箭，以練麻拭其枝。初次誦禱畢，舉箭奉練麻進，帝三捋而懷之，歌如前。帝、后一叩，興，柳枝上灑以酒，夾以糕，司祝揚箭歌禱如式。凡三。帝詣神位前跪，司祝以箭上綫索二分奉帝、后，致辭，叩，興，合掌致敬。帝、后同一叩，興。司祝進神胙，帝、后受之，還宮。祀肉與糕不出門，則分給諸人，令戶內盡食之。

其夕祭求福，帝、后行禮如夕祭儀。柳枝所繫綫索貯於囊，懸西壁上。其枝司俎官齎送堂子。至除夕，與神杆紙帛爇化之。

奉先殿　順治十三年，詔建景運門東北，前後各九楹，如太廟寢制。中爲堂，左神庫，右神廚。明年殿成，世祖躬妥神位，讀祝大饗。定制，元旦、冬至、歲除、萬壽、册封、月朔、望，奉神位前殿，帝親行禮，供獻如太廟大饗儀。唯立春、上元、四月八日、端陽、重陽皆尋常節，國忌、清明、霜降、十月朔屬哀慕期，親祭，不贊禮、作樂。七夕如常供。四月八日、七月望日陳素果。月薦新，帝親獻。

凡常例供獻，後殿行之。饗太廟畢，行躬告禮，上香燭。又定日供湯、飯、果、肉各五盤。元旦、萬壽，請太廟後殿四祖、四后神位至奉先殿，與列聖、列后合饗。其後罷奉請，就太廟後殿祀之。是歲冬，御經筵，上親祭焉。

十七年，以併夾室乖制，諭令夾室行廊外中通爲敞殿九楹，廼改建如旨。

明年，聖祖嗣服，用禮臣言，依明洪武三年例，朝夕焚香，朔、望瞻拜，時節獻新，生、忌致祭，具常饌，行家人禮。其冬世祖升祔，奉神位至前殿行大饗。禮成，還奉後殿神龕。厥後祔饗倣此。康熙十三年，罷日供食，早、晚燃香燭。十五年，罷册封大饗，遣官祗告後殿。凡上徽號、册立、御經筵、耕耤、謁陵、巡狩、回鑾亦如之。雍正十三年，準太廟時饗例，增上香儀。

乾隆二年修殿，徙神位暫安太廟。其秋會值太祖、太宗忌辰，帝擬親饗，羣臣言故事無素服入廟，迺止。道光元年，增修後殿龕座。中室列龕三，奉太祖、太宗、世祖。左一室龕二，奉聖祖、高宗。右一室龕二，奉世宗、仁宗。昭、穆仍舊制。餘四室分列八龕焉。

凡親饗，先三日致齋。先一日，掌儀司進祝版，割牲瘞毛血，潔治祭品。屆日昧爽，內監啓寢室神龕，執事官各事咸備。內府官省齍畢，分詣寢室前，跪上香，三叩，興。奉列聖、列后神位以次行。皇后祔饗，同至前殿，安於座位，南嚮，祔后西嚮。詣各香案前跪，三叩，興。屆時帝袞服出宮，至誠肅門降輿，入左門，盥訖，就拜位，北面立，迓神，奏貽平章。導詣太祖香案前，跪上炷香一，瓣香三。旋位，行三跪九叩禮。導詣皇后香案前，立上香，旋位。行初獻禮，奏敉平章，舞干戚，有司揭尊冪，勺挹實爵，司帛、司爵以次至各案前。獻訖，司祝詣祝案前跪，三叩，興。跪案左，奉祝版。帝跪，司祝讀祝，興，安於篚，叩如初。帝三叩，興。行亞獻禮，奏敷平章，舞羽籥，獻爵，儀如初。行終獻禮，奏紹平章，餘並同初獻。徹饌，奏光平章。畢，請神還寢室，三叩，退。贊「舉還宮樂」，奏乂平章，帝復行三跪九叩。司祝、司帛以次送燎所，帝轉立東旁。禮成，仍出左門。餘如來儀。

或遣皇子代祭，前諸儀同。殿門外正中設拜位，入右門，至西階下盥手，升階詣拜位行禮。祝、帛送燎，避立西旁，仍自西階退。

其月朔薦新，正月鯉魚、青韭、鴨卵，二月萵苣、菠菜、小葱、芹菜、鱖魚，三月王瓜、蔞蒿、蕓薹、茼蒿、蘿蔔，四月櫻桃、茄子、雛雞，五月桃、杏、李、桑葚、蕨香、瓜子、鵝，六月杜梨、西瓜、葡萄、蘋果，七月梨、蓮子、菱、藕、榛仁、野雞，八月山藥、栗實、野鴨，九月柿、鴈，十月松仁、輭棗、蘑菇、木耳，十一月銀魚、鹿肉，十二月蓼芽、綠豆芽、兔、蟫蝗魚。其豌豆、大麥、文官果諸鮮品，或廷旨特薦者，隨時內監獻之。順治十四年，定月薦鮮獻粢盛牲品。康熙十三年，定薦新日，掌儀司詣後殿行禮。獻帛爵用侍衞。

壽皇殿　舊制三室，在景山東北。太祖、太宗、世祖及列后聖容，向奉體仁閣。雍正元年，命御史莽鵠立繪聖祖御容，供奉壽皇殿中殿，遇聖誕、忌辰、元旦、令節，率皇子、近支王公展謁奠獻。凡奉安山陵、升祔太廟禮成，皆親詣致祭。蓋月必瞻禮，或至三詣焉。

乾隆元年，奉世宗聖容東一室，嗣後列朝聖容，依次奉東西室，爲恆例。三年，定謁陵、省方啓蹕、回鑾均詣壽皇殿行禮。尋定萬壽節行禮如諸令節儀。十三年，徙建景山正中，如安佑宮制。大殿九室，左右殿各三楹，東西配殿各五楹，其冬成。高宗親製碑記，其頌曰：「唯堯巍巍，唯舜重華，祖考則之。不競不絿，仁漸義摩，祖考式之。弘仁皇仁，明憲帝憲，小子職之。是繼是繩，曰明曰旦，小子忽之。天遊雲殂，春露秋霜，予心惻惻。考奉祖御，於是壽皇，予仍卽之。制廣而正，爰經爰營，工勿亟之。陟降依憑，居歆攸室，羹牆得之。佑我後嗣，綿禩於萬，匪萬億之。觀德於茲，無然畔援，承欽識之。」

十五年，諭：「前代安奉神御，率在寺中，別殿淨宇，本無定所。敬念列祖創垂，顯承斯在。永懷先澤，瞻仰長新。式衷廟祫之儀，斯協家庭之制。應迎列祖、列后聖容奉壽皇殿，歲朝合請懸供，肅將祼獻。」於是奉聖祖、世宗御容，並自體仁閣迎太祖、太宗、世祖御容，洒定除夕敬懸，供鮮果、肉醬。元旦大饗，獻磁器籩豆供品，並上香行禮。初二日如除夕供。禮畢尊藏。

又元旦帝有事堂子、奉先殿，訖，詣壽皇殿行禮。除夕、初二日，命皇子番行。上元節供餅餌，秋季展聖容，宮殿監敬謹將事。是歲繪列朝聖容成，親詣奉安，行大饗。嘉慶四年，詔壽皇殿供奉神御，始自聖祖，凡遇忌辰、誕辰，皆應躬親展敬，示子孫遵行，安佑宮亦如之。

安佑宮　在圓明園西北隅，建工始乾隆五年，迄八年蕆事。大殿九室，朱扉黄甍，如寢廟制。中龕懸聖祖御容，左世宗，右高宗。龕前陳彝器、書册、佩用服物，合設中和韶樂一列。帝臨御園中，遇列聖誕辰，忌辰，令節，朔、望，並拈香行禮。謁陵、省方啓鑾、回蹕，皆躬詣祗告焉。高宗親製碑記，略言：「朔酌望獻，西漢原廟遺制。宋時神御殿亦本斯義，蓋奉安列朝御容所也。上元結鐙樓，寒食設秋千，視漢已備。而崇建徧郡國，奉祀在禪院，識者譏之。我皇祖聖祖，恩澤旁覃，僻邑窮谷，飲其德而不知，子孫臣庶，躬被教育者，宜其謳歌慨慕而未有已也。是以皇考世宗謹就壽皇殿奉安御容，朔望瞻禮，而於皇祖所幸暢春園，亦陳薦如儀。有漢、宋備物備禮之誠，無宋代祀繁致褻之弊。予小子心懔紹庭，念茲圓明園爲我皇考囿沼地，築室九楹，敬奉皇祖其中，奉皇考配東一室。所謂禮緣義起，有其舉之，莫敢廢也。」

永佑寺在熱河避暑山莊萬樹園旁，乾隆十六年建。有樓五楹，奉聖祖、世宗、高宗御容，雲山勝地樓奉仁宗御容，陳設一如安佑宮。車駕莅至輒懸奉，回蹕後庋藏。丹墀列高宗御製碑文，略言：「創立精藍，爰名永佑。固不特鐘魚梵唄，足令三十六景借證聲聞；而皇祖聖日所照，千秋萬歲後，子孫臣庶，莫不永如在之思。是卽釋迦之耆闍崛山，金剛法座，天龍擁護；而所以繩武寧親，祝釐養志，亦於是託焉云爾。」仁宗御製永佑寺瞻禮敬紀，亦頗惓惓祖若父焉。

道光時，移供聖御繼德堂，更題曰綏成殿。中室聖祖，左世宗，右高宗，左次室仁宗，以後列朝御容，仍依次懸左右室云。

滿洲俗尚跳神，其儀，內室供神牌，或用木龕，室正中、西北龕各一。凡室南嚮北嚮，以西方爲上；東嚮西嚮，以南方爲上：頗與禮經合。南龕下懸簾幕，黃雲緞爲之。北龕上置杌，杌下陳香盤三，木爲之。春、秋擇日致祭，謂爲跳神。前一月，造酒神房。前三日，朝暮獻牲各二，名曰烏雲，卽引祀也。前一日，神前供打糕各九盤，以爲散獻。大祀日，五鼓獻糕，主人吉服嚮西跪，設神幄嚮東，中設如來、觀音神位。女巫舞刀祝曰：「敬獻糕餌，以祈康年。」主人跪擊神版，諸護衞亦擊，並彈絃、箏、月琴和之，其聲嗚嗚然。巫歌畢，主人一叩，興。司香婦請神出。戶牖西設龕，南嚮奉之。司俎者呼「進牲」，牲入，主人跪，家人皆跪。巫者前致辭，以酒灌牲耳，牲耳聥，司俎高聲曰：「神已領牲。」主人叩謝。庖人刲牲，熟而薦之。主人再拜謁，巫致辭。主人叩畢，巫以繫馬吉帛進，祝如儀。主人跪領帛，以授司牧，一叩，興。湎集宗人食胙肉，令毋出戶庭。

其夕供七仙女、長白山神、遠祖、始祖，位西南嚮。以神幔蔽窗牖，舞刀進牲致祝如朝儀。唯伐銅鼓作淵淵聲，主家亦擊手鼓、架鼓，以銅鼓聲爲應。誦益急，跳益甚。禮成，衆受福。次早設位庭院前，位北嚮，主人吉服如儀。用男巫致辭畢，灑以米，趨退。主人叩拜。牲肉皆封爲葅醢，和稻米以進。名曰祭天還願。

又明日，神位前祈福，供餅餌，綴五色縷。祝辭畢，以縷繫主人胸，謂之受福。三日祭湎畢。

長白滿洲舊族近興京城者，祀典禮儀皆同。唯舒穆祿氏供昊天上帝、如來、菩薩諸像，又供貂神其側。納蘭氏則供羊、雞、魚、鴨諸品，巫者身繫銅鈴跳舞，以鈴墜爲宜男兆。蒙古跳神用羊、酒，輝和跳神以一人介冑持弓矢坐牆堵，蓋先世有劫祀者，故豫使人防之，因沿爲制。跳神之舉，清初盛行，其誦祝辭者曰薩嗎，迄嘉慶時，罕用薩嗎跳神者，然其祭固未嘗廢也。

清史稿卷八十六

志六十一

禮五 吉禮五

宗廟之制　時饗　祫祭　加上謚號　東西廡配饗　醇賢親王廟

諰陵

宗廟之制　清初尊祀列祖神御，崇德建元，立太廟盛京撫近門東。前殿五室，奉太祖武皇帝、孝慈武皇后。後殿三室，奉始祖澤王、高祖慶王、曾祖昌王、祖福王，考、妣俱南嚮。並設床榻、衾枕、楎椸、帷幔，如生事儀。太宗受尊號，躬率羣臣祭告，其太牢、少牢色尚黑。復嗣考祭儀，定祭品，牛一，羊一，豕一，簠、簋各二，籩、豆各十有二，鑪一，鐙二，各帛一，登、鉶、尊各一，玉爵三，金匕一，金箸二。帛共篚，牲共俎。尊實酒，疏布冪勺具。階前設樂部，分左、右懸。祀日陳法駕鹵簿。

世祖定燕京，建太廟端門左，南嚮。朱門丹壁，上覆黃琉璃，衛以崇垣，周二百九十一丈。凡殿三，前殿十一楹，階三成，陛皆五出。一成四級，二成五級，三成中十一，左、右各九。中奉太祖、太后神龕。中殿九楹，同堂異室，奉列聖、列后神龕。後界朱垣，中三門，左、右各一。爲後殿，亦九楹，奉祧廟神龕，俱南嚮。前殿兩廡各十五楹，東諸王配饗，西功臣配饗。東廡前、西廡南燎爐各一。中後殿兩廡庋祭器。東廡南燎爐一。戟門五，中三門內外列戟百二十，左、右門各三。其外石梁五。橋北井亭三，南神庫、神廚。西南奉祀署，東南宰牲亭。其盛京太廟尊爲四祖廟云。

順治四年，定盛京守廟首領馬法秩視拖沙喇哈番，餘馬法視護軍校。

五年冬，追尊澤王爲肇祖，慶王爲興祖，昌王爲景祖，福王爲顯祖，與四后並奉後殿，致祭如時饗儀。

八年，孝端文皇后祔廟，奉神主祗見太祖、太后暨太宗，代行三跪九拜禮，位次太宗，復一跪三拜。畢，遂行大饗。祀後殿則遣官。凡升祔，先一日遣告，至日祗見、奉安、大饗，著爲例。十八年，世祖祔廟，位次太祖西旁，東嚮。康熙九年，孝康章皇后祔廟，位次世祖。二十七年，孝莊文皇后祔廟，屆期世祖及章后神主避立於旁，始行祗見禮，位次文后。凡祔廟主，以卑避尊，後倣此。五十七年，孝惠章皇后升祔，議者以孝康祔廟久，欲位其次。大學士王掞議曰：「陛下聖孝格天，曩時太皇太后祔廟，不以躋孝端上，今肯以孝康躋孝惠上乎？」議者不從，帝果以爲非是，令改正焉。

雍正元年，禮臣言：「古帝王升祔太廟，必以皇后配饗。周祀閟宮，漢於別寢，唐、宋有坤儀、奉慈殿以展孝思。自是配廟者，皇后字上一字與廟謚同，祀別廟者，但有謚無廟號。其配位或一帝一后，或一帝二后。宋太宗、徽宗則四后先後升祔，禮制不同。本朝太祖三后，唯孝慈祔廟稱高后，太宗二后，孝端、孝莊並稱文后，世祖三后，孝惠、孝康並稱章后，孝獻但祀孝陵饗殿，定制然也。今聖祖祔廟，仁孝作配，允宜同饗。第廟謚曰仁，與尊謚複，改題孝誠，與孝恭體備母儀，並宜同祔。其孝昭、孝懿，應集廷臣詳議。」尋議定：「夏、商逮六朝，皆一帝一后，唐睿宗二后，宋太祖三后，太宗四后。祔廟之制，朱子諸儒咸無異說。謹按前典，孝昭、孝懿應與孝誠、孝恭並稱仁皇后，同祔太廟。」從之。

案儀，一元后，一繼立，一本生，並列如序。首孝誠，次孝昭，次孝懿，次孝恭。於此奉帝、后神主，以次安東旁，西嚮，位次太宗。

乾隆二年，世宗暨孝敬后祔廟，位西旁，東嚮，居世祖次。四十二年，孝聖后升祔，次孝敬。

明年，高宗詣盛京，徙建四祖廟大清門東，南北袤十一丈一尺五寸，東西廣十丈三尺五寸。正殿五楹，東、西配廡各三楹。正門三，東、西門各一。敕大臣監視落成。嘉慶四年，高宗暨孝賢、孝儀二后祔廟，位東旁，西嚮，次聖祖。道光元年，仁宗暨孝淑后祔廟，位西序，東嚮，次世宗。

三十年，宣宗遺諭及祔廟事，略謂：「禮經天子七廟，周禮小宗伯辨廟祧昭穆，漢七廟六室，唐九代十一室，宋九世十二室，議禮紛紛，不一而足。我朝首太祖訖仁宗，巍然七室，不參酌今古，必至貽笑後嗣。朕薄德承基，何敢上擬祖考，祔廟斷不可行。其奉先殿、壽皇殿、安佑宮爲古原廟，制可仍舊。」迺下廷臣議，於是禮親王全齡等主遵成憲。侍郎曾國藩亦言：「萬難遵從。古者祧廟，爲七廟親盡言，有親盡不祧者，則必世德作求，不在七廟數。若殷三宗，周文、武是也。大行皇帝於皇上爲禰廟，非七廟親盡比，而功德彌綸，又當與列祖、列宗同爲百世不祧之室。且諸侯大夫尚有廟祭，況尊如天子，敢廢祔典？」帝俞其請。詔曰：「天子七廟，特禮之常制，非合不祧之室言也。皇考祔廟稱宗，於制爲允。」遂於咸豐二年，奉宣宗暨孝穆、孝慎、孝全三后祔廟，位東序，西嚮，次高宗。明年，奉孝和睿皇后升祔，次孝淑。

文宗少時爲康慈太后撫育，十一年帝崩，穆宗體大行遺志，上尊謚曰孝靜。同治建元，祔廟次孝全。四年，文宗暨孝德后祔廟，位西序，東嚮，次仁宗。於時太廟中殿，九楹咸序。

洎穆宗崩御，而祔次尙虛。光緒三年，惇親王奕誴等躬往相度，集議所宜。侍講張佩綸請倣殷、周制，立太宗世室，百世不祧。展後殿旁垣左右各建世室。侍郎袁保恆謂周制世室在太祖廟旁，居昭穆上，後世同堂異室，以近祖爲尊。請以中殿太祖左右爲世室九楹，東西各展兩楹，別建昭穆六代親廟。太祖居中，兩旁各六楹，爲左右世室。太祖至穆宗同爲百世不祧，不必俟親盡遞升。其左右隙地，更建兩廟，各三楹，爲三昭三穆，循次繼入，藉省遷移。鴻臚寺卿徐樹銘言：「古者廟前寢後，廟以祭饗，今前殿是；寢以藏衣冠，今中殿、後殿是。茲所當議者，藏衣冠寢殿耳。應就中殿左建寢殿，祭饗仍在前殿。列祖、列宗，百世不祧，若建世室後殿旁，反嫌居太祖上。唯增寢室，則昭穆序矣。」其他條議，大率主世室者多。有謂後殿宜增殿宇，移四祖神主其中。改爲世室，移太宗居中一室。穆宗祔廟，奉安中殿西第四室者，通政使錫珍說也。有謂中殿兩旁建世室，東二西一，中奉太祖主，七廟東一廟奉太宗，二廟奉聖祖；西一廟奉世祖。前殿兩旁建六親廟，世宗以下奉之，斯昭穆不紊。少詹事文治說也。有謂中殿兩旁建昭穆二世室，但建方殿，縱橫各五楹，移太宗居昭世室，世祖居穆世室，皆北面中一楹。聖祖居昭世室，東面第一楹。中殿仍奉太祖。昭穆各四楹，列聖神位依序上移。穆宗升祔，居昭第三楹。司業寶廷說也。已，閣議以紛更廟制，未可從。

禮親王世鐸等謂：「與其附會古典，不如恪守成規。太廟中殿九楹，中楹仍舊，東西各四楹，請如道光初故事，增修改飾。東次楹又次楹爲昭位，太宗暨二后、聖祖暨四后、高宗暨二后、宣宗暨四后神主序焉。西次楹又次楹爲穆位，世祖暨二后、世宗暨二后、仁宗暨二后、文宗、孝德后神主序焉。將來穆宗、孝哲后升祔，位居宣宗次。」議上，醇親王奕譞韙之，奏言：「寓尊崇於變通，較諸說爲當。第廟楹有限，國統無窮，增修尚非至計。祧廟爲歷朝經制，無可避忌。請敕自今以往，毋援百世不祧之文，當循親盡則祧之禮，庶鉅典與天地常存。」於時徐樹銘力主宣宗遺諭，以漢、唐增室爲非，今用奉先殿增龕成案，億萬年後，勢難再加。宜遵祖訓，豫定昭穆。內閣學士鍾佩賢亦以爲言，鴻臚寺少卿文碩且請建穆宗寢廟，而文治、寶廷尤力爭並龕簡陋，非永制。兩宮太后不獲已，再下王大臣議，兼詢直隸總督李鴻章。鴻章言：「周官，匠人營國，世室、明堂，皆止五室。鄭注，五室並在一堂。據此，則朱子所圖世室、親廟以次而南，未盡合制。至建寢殿、增方殿，古制所無，禮親王等所言，未爲無見。我朝廟制，祖宗神靈，協會一室，一旦遷改，神明奚安？太廟重垣，庭墀殿陛，各有恆式。準古酌今，改廟非便。因時立制，自以援奉先殿增龕例爲宜。議者或嫌簡略，攷古禮祔廟迭遷，亦止改塗易檐，並不大更舊廟。今之龕座，猶晉、宋時坎室，晉華恒建議廟堂以容主爲限，無拘常數。王導、溫嶠往復商榷，始增坎室。宋增八室，蔡襄爲圖。今之增龕，何以異是？」又謂：「奉先殿卽古原廟，與太廟殊。然雍正時奏定奉先殿神牌與太廟顓若畫一。成憲可循，不得謂增龕之制獨不可倣行太廟也。至祧遷雖常典，而藏主之室，禮無明文。鄭康成言周祧主藏於太廟及文武世室，是已祧之主與不遷之祖同處一廟，故廟亦名祧。晉藏西儲夾室，當時疑其非禮，後世緣爲故事。儒家謂古祧夾室，殆爲肊辭。廟旣與古不同，祧亦未容輕議。唯醇親王所陳，爲能導皇上以大讓，酌廟制以從宜。」自此議遂定。

五年，穆宗暨孝哲后祔廟，位東序，西嚮，次宣宗。七年，孝貞后升祔，次孝德。宣統元年，孝欽后升祔，次孝貞。是歲考議德宗祔廟事，禮臣言：「兄弟同昭穆，但主穆位空一室。」其餘議禮諸臣，重宗統者，以爲異昭穆不便；重皇統者，復以爲同昭穆不合。而大學士張之洞獨主：「古有祧遷之禮，則兄弟昭穆宜同。今無祧遷之禮，則兄弟昭穆可異。」議迺定。其秋，詔曰：「我朝廟制，前殿自太祖以下七世皆南嚮，宣宗以下三世分東西嚮，與古所謂穆北嚮、昭南嚮不同。穆、德二廟，同爲百世不祧，宜守朱子之說，以昭穆分左右，不以昭穆爲尊卑。禮緣義起，毋因經說異同，過事拘執。德宗祔廟，中殿奉西又次楹又五室穆位，前殿位次西旁文宗坐西嚮東穆位。體先朝兼祧之旨，慰列聖在天之靈，垂爲定制。奉先殿位序亦如之。」

時饗　太宗建國初，遇淸明、除夕，躬謁太祖陵，卽時饗所由始。崇德元年，建太廟成，凡四孟時饗，每月薦新，聖誕、忌辰、淸明、中元、歲暮俱致祭。五月獻櫻桃，命薦太廟。凡新進果穀，皆先薦迺進御，著爲令。順治元年，定時饗制，孟春擇上旬日，三孟用朔日，樂章六奏。二年，命祭太廟如奉先殿儀，讀祝、致祭。遣官祭福陵、昭陵、四祖廟，止上香燭、供酒果，不讀祝。七月朔，秋祭太廟、四祖廟，中元祭陵，並用牛、羊。尋定四祖廟祭例視京師，牲用生。又饗太廟用熟牛，罷晉胙。八年，定親饗制，飲福、受胙如圜丘。奏樂備文、武佾舞。康熙十二年，從禮臣言，祭太廟，質明將事。二十四年春，親饗畢，諭曰：「往見贊禮郎宣祝，至朕名，聲不揚。禮稱父前子名，子孫通名祖父，豈可慢易？嗣後垂爲戒。」雍正十一年，世宗以廟饗無上香，奠帛、爵無跪獻，命大學士禮臣議增。尋議言：「大祀莫重郊壇，孝享莫大配天。宗廟典禮，宜視社稷。祭社稷日，皇帝親詣上香，太廟自宜一例。至帛、爵俱不親獻，皇帝立拜位前，所以亞郊壇也。仍舊儀便。」報可。又定太廟神牌如奉先殿制，供奉居中。請牌用太常官，獻帛、爵用侍衞，尋改用宗室官。

高宗嗣位，定三年持服內，饗廟御禮服作樂如故，唯齋戒用素服，冠綴纓。乾隆二年，用禮臣言，祝版書列聖尊謚。香帛送燎時行中路，帝轉立東旁，俟奉祝帛官出，復位，如祀郊壇式。尋定每日上香，守廟官行禮。朔望用太常官。嗣改宗室王公番行。十二年，諭太廟獻帛、爵用宗室官，俾習禮儀、鎔氣質。敕宗人府王公監視，後復定後殿獻帛、爵用覺羅官。

向例，饗廟，帝乘輿出宮，至太和門外改乘輦。入街門，至神路右，步入南門，詣戟門幄次。入升東階，進前殿門，就拜位。禮成，出如初。凡入門皆左。三十七年，帝年漸高，略減儀節。入廟時，改自闕左門輦入西北門，至廟北門外，輿入。至戟門外東階下。步入門，升階進殿。行禮畢，出亦如之。

嘉慶四年，定時饗前殿座次。太祖、太宗、世祖皇考、妣皆南嚮，聖祖皇考、妣東位西嚮，世宗皇考、妣西位東嚮，高宗皇考、妣東次西嚮。以後帝、后位次倣此。八年孟春時饗，禮臣卜吉初六日，仁宗以前三日致齋。會逢高宗忌辰，服色未協，命改初八日。嗣是春饗皆擇正月初八、九、十等日行之。

道光四年，諭廟饗謝福胙如祀社稷儀，王公百官隨行三跪九拜禮。穆宗、德宗初立，時饗、祫祭遣親王代，逮親政始躬蒞。宣統朝攝政王攝行。

祫祭　歷代禘、祫分祭，禮說繽紛，罔衷古訓。淸制有祫無禘。除夕饗廟，實始太宗，世祖本之，著爲祭典。順治十六年，左副都御史袁懋功請舉祫祭，以彰孝治。迺定歲除前一日大祫，移後殿、中殿神主奉前殿。四祖、太祖南嚮，太宗東位西嚮。先一日遣官告後殿、中殿，致齋視牲。屆日世祖親詣，禮如時饗，自是歲以爲常。尋定祫祭樂舞陳殿外。

康熙時，御史李時謙請行禘祭。禮臣張玉書上言：「考禮制言禘不一，有謂虞、夏禘黃帝，殷、周禘嚳，皆配祭圜丘者；有謂祖所自出爲感生帝，而祭之南郊者；有謂圜丘、方澤、宗廟爲三禘者：先儒皆辯其非。而宗廟之禘，說尤不一。或謂禘止及毀廟，或謂長發詩爲殷禘，雝詩爲周禘，而親廟、毀廟兼祭者。唯唐趙匡、陸淳以爲禘異於祫，不兼羣廟。王者立始祖廟，推祖所自出之帝，以始祖配之，故名禘。至三年一祫，五年一禘，說始漢儒，後人宗之。漢、唐、宋禘禮，並未考始祖所自出，止五歲中合羣廟之祖，行祫禘於宗廟而已。大抵夏、商以前有禘祭，而厥制莫詳。漢、唐以後有禘名，而與祫無別。周以后稷爲始祖，以帝嚳爲所自出，而太廟中無嚳位，故祫祭不及。至禘祭迺設嚳位，以稷配焉。行於後代，不能盡合。故宋神宗罷禘禮。明洪武初或請舉行，衆議不果。嘉靖中，迺立虛位，祀皇初祖帝，以太祖配，事涉不經，禮亦旋罷。國家初定鼎，追上四祖尊稱，立廟崇祀，自肇祖始。太祖功德隆盛，當爲萬世廟祖，而推所自出，則締造大業，肇祖最著。今太廟祭禮，四孟分祭前、後殿，以各伸其尊。歲暮祫饗前殿，以同將其敬。一歲屢申祼獻，仁孝誠敬，已無不極。五年一禘，可不必行。」遂寢其議。

乾隆三十七年大祫，帝親詣肇祖位前上香，餘遣皇子親王分詣，復位行禮如常儀。詣廟節文減之如時饗。六十年將屆歸政，九廟俱親上香。嘉慶四年，定歲暮祫祭，前殿座位視時饗。咸豐八年，文宗疾甫平，親王代行祫祭，然先祭時猶親詣拜跪焉。其因時祫祭者，古禮天子三年喪畢，合先祖神饗之，謂之吉祭。雍正二年，吏部尚書朱軾言：「皇上至仁大孝，喪三年如一日，今服制竟，請祫祭太廟，卽吉釋哀。」制可。明年二月，帝詣廟行祫祭，如歲暮大祫儀。自後服竟行祫祭倣此。

加上謚號　崇德元年，太宗受尊號，追封始祖爲澤王、高祖慶王、曾祖昌王、祖福王，上太祖武皇帝、孝慈皇后尊謚。卽日躬祀太廟。翼日，百官表賀。順治元年，進太祖、孝慈后、太宗玉册、玉寶，奉安太廟。册長八寸八分，廣三寸九分，厚四分。册數十，面底二頁鐫升降龍。寶方四寸二分，厚一寸五分，紐高二寸七分，長四寸二分，廣三寸五分，寶盝金質。凡太廟册、寶皆用玉，色青白，册文用驪體，寶文如謚號，曰「某祖某宗某皇帝之寶」，后曰「某皇后之寶」。

五年，追尊澤王肇祖原皇帝，妣原皇后；慶王興祖直皇帝，妣直皇后；昌王景祖翼皇帝，妣翼皇后；福王顯祖宣皇帝，妣宣皇后。奉安訖，致禮如時饗。越三日，慶賀如儀。七年，上孝端文皇后尊謚。九年，進四祖帝后册寶。十八年，上世祖尊謚，前期齋戒，遣官祭告天地、宗廟、社稷。

屆日，帝素服御太和門，閱册、寶訖，大學士奉安綵亭，校尉舁行，導以御杖，駕從之。王公百官各於所立位跪俟，隨行。至壽皇殿大門外降輦，入左門，綵亭入右門。大學士二人跪奉册寶陳案上，帝就位，率羣臣行三跪九叩禮。贊引奏「跪」，奏「進册」，奉册大學士跪左，進帝跪獻。畢，授右跪大學士陳中案。奏「進寶」，如初。奏「宣册」，宣册官跪宣：「上尊謚曰體天隆運英睿欽文大德弘功至仁純孝章皇帝，廟號世祖。」宣册訖，奏「宣寶」，儀亦如之。行禮三跪九叩，致祭同時饗。畢，奉絹册、寶、祝帛如燎所焚之。大學士二人，奉香册、寶導梓宮奉安，一跪三叩，翼日頒詔天下。凡上大行帝后尊謚，香册、香寶獻几筵後，奉安山陵，絹册、寶送燎，玉册、玉寶卜吉藏之太廟，後倣此。

初太祖尊謚曰承天廣運聖德神功肇紀立極仁孝武皇帝，太宗曰應天興國弘德彰武寬溫仁聖睿孝文皇帝。聖祖纘業，加太祖「睿武弘文定業」六字，更廟號高皇帝；太宗「隆道顯功」四字，廟號如故。用禮臣言，俟世祖祔饗後行禮。明年，上慈和皇太后尊謚。二十七年，上孝莊太皇太后尊謚。五十七年，上孝惠皇太后尊謚，后，聖祖嫡母也。祔廟日，命安神位慈和上。

六十一年冬，世宗諭廷臣：「皇考繼統，本應稱宗，但經云：祖有功，宗有德。皇考手定太平，論繼統爲守成，論勳業爲開創，宜崇祖號，以副豐功。其確議之。」議言：「按禮經：有虞氏禘黃帝而郊嚳，祖顓頊而宗堯。而舜典云：舜格文祖。注曰堯廟。歸格藝祖，復釋爲堯之祖。合之祖顓頊，則有三祖矣。宋陳祥道云：凡配天者皆得稱祖。國語展禽謂有虞氏祖高陽而郊堯，堯所以稱文祖也。顓頊至堯，並黃帝子孫，故皆稱祖。又周禮大宗伯：祫、禘、追享、朝享。解云：古者朝廟合羣祖而祭焉，故祫曰朝饗，以合羣祖爲不足，復禘其所自出，故禘曰追饗。夫祖所自出，始祖也，其下曰羣祖，則自始祖以下皆可稱祖矣。」又謚議：「帝王功業隆盛，得援祖有功古義稱爲祖。竊謂唯聖可揚峻德，唯祖可顯隆功。」議上，稱旨。雍正初元，遂上尊謚，廟號聖祖。復諭：「太祖、太宗、世祖三聖相承，功高德盛；孝莊、孝康、孝惠翼運啓期，懿徽流慶；宜並加謚，俾展孝思。」於是加謚太祖曰端毅，太宗曰敬敏，世祖曰定統建極，而孝慈、孝端及三后並尊謚焉。

於時工部奉神主廟室，髹漆飾金，中書、翰林官各一人書新謚。奏遣大學士二人行塡青禮，先期祗告天地、社稷。至日，世宗禮服詣太廟行上尊謚禮。畢，還宮，易衰服，詣奉先殿致祭，後倣此。六年，鐫造列聖、列后玉寶、玉册暨聖祖皇考、妣册、寶成，奉之太廟。其儀，太廟潔室設黃案，張綵幔兩旁，中陳册、寶，王大臣朝服將事，帝御禮服恭閱，一跪三拜，安奉綵亭，輿導如前儀。供案訖，帝入行禮如初。册、寶集中殿，分藏金匱。帝以次上香，一跪三拜，禮成。

高宗踐阼，加列聖、列后尊謚，諭言：「宗廟徽稱有制，報本忱悃靡窮。藉抒至情，不爲恆式。」乾隆四十五年，以列朝册、寶玉色參差，命選工琢和闐精璆。越二年工竣，祗閱訖，奉太廟如禮。其舊藏十六分，命賚送盛京太廟，尊藏玉檢金繩。自是帝、后祔廟，皆別備册、寶送盛京，永爲制。嘉慶四年，仁宗守遺訓，著制，凡列聖尊謚已加至二十四字、列后尊謚已加至十六字不復議加。

功臣配饗，所以顯功，宗親郡王配東廡，文武大臣配西廡。崇德元年，追封皇伯祖禮敦巴圖魯爲武功郡王，巴圖魯其名也，配東廡，福晉與焉。並以直義公費英東、弘毅公額亦都配西廡。順治元年，西廡增祀武勳王揚古利，位直義上。九年，復增祀忠義公圖爾格、昭勳公圖賴，昭勳爲直義子，忠義爲弘毅子，父子配侑，世尤榮之。十一年，東廡增祀通達郡王雅爾哈齊、慧哲郡王額爾袞、宣獻郡王界堪，通達位武功上，而慧哲、宣獻兩福晉亦並侑云。

康熙九年，定祀東廡用太牢，歲以爲常。

雍正二年，西廡增祀文襄公圖海。定功臣配饗儀，前期告太廟。屆日陳綵亭，列引仗，奉主至廟西階。拜位在階下，三跪九拜。奉主大臣攝行，還納龕位，一跪三拜。

八年，怡親王允祥配東廡。定王配饗儀，奉主以郡王，迎主用綵亭吾仗，至廟東階，拜位在階上。代行禮畢，降自東階，餘如西廡。

九年，進加費英東信勇公，圖爾格果毅公，圖賴雄勇公，圖海忠達公。乾隆中，西廡增祀襄勤伯鄂爾泰，超勇親王策淩，大學士張廷玉，蒙古王、漢大臣侑食自此始。

四十三年，詔：「祖宗創業艱難，懿親藎臣，佐命殊功，從古未有。當時崇封錫爵，酬答從優。以後有及身緣事降削者，有子孫承襲易封者，不爲追復舊恩，心實未愜。」於是睿親王多爾袞以元勳懿戚，橫被流言，特旨昭雪。禮烈親王代善，後人改封爲巽，已復改爲康，鄭獻親王濟爾哈朗改爲簡，豫通親王多鐸改爲信，肅裕親王豪格改爲顯，克勤郡王岳託改爲衍禧，又改爲平，均非初號。悉命復舊，並配祀東廡。禮王位宣獻下，睿王等以次列序，位怡王上，而徙策淩列怡王次。

嘉慶元年，西廡增大學士傅恆、福康安、協辦大學士兆惠。福康安即傅恆子，並封郡王，異姓世臣，被恩最渥。道光三年，復增大學士阿桂，功臣凡十有二人。同治四年，東廡增科爾沁親王僧格林沁，功王凡十有三人。凡時饗，帝上香時，分獻官上香配位前，各分獻不拜。三獻畢，退。祫祭同。

醇賢親王廟　光緒十六年，醇賢親王奕譞薨，中旨引高宗濮議辨，應稱所生曰「本生父」，沒稱「本生考」，立廟不祧，祀以天子之禮，合乎「父爲士，子爲大夫，葬以士，祭以大夫」古義，斯尊親兩全矣。迺定稱號曰「皇帝本生考」。復定廟祀典，建廟新賜邸第，額曰醇賢親王廟。正殿七楹，東、西廡殿，後寢室，各五楹。中門三。門內焚帛亭、祭器亭，其外宰牲亭、神庫、神廚。大門三。殿宇正門中覆黃琉璃，殿脊及門四周上覆綠琉璃。其祀儀、樂舞、祭器、祭品視天子禮。凡時饗以四仲月朔，襲王承祭。帝親行，則襲王陪祀。誕辰、忌日，帝親詣行禮。

謁陵　有清肇迹興京，四祖陵並在京西北，稱興京陵。太祖定遼陽，景祖、顯祖二陵徙盛京東南，稱東京陵。嗣是太祖陵當盛京東北，稱福陵；太宗陵當盛京西北，稱昭陵。崇德間，定歲暮、清明祭興京陵，用牛一，遣守陵官行禮。東京陵用牛二，遣宗室、覺羅大臣行禮。福陵用牛一、羊二，遣大臣行禮。國忌、誕辰、孟秋望日，燃香燭，獻酒果，奠帛、讀祝、行禮。朔、望用牛一，具香燭、酒果，遣守陵官致祭，不讀祝、奠帛。

順治八年，封興京陵山曰啓運，東京陵山曰積慶，福陵山曰天柱，昭陵山曰隆業，並從祀方澤，置陵官、陵戶。定祀儀，冬至用牛一、羊一、豕一，餘同前。清明、歲暮、孟秋望日亦如之。十三年，詔立界碑，禁樵採。十五年，移東京陵改祔興京，罷積慶山祀。明年，尊稱爲永陵，饗殿、暖閣如制。

康熙二年，相度遵化鳳臺山建世祖陵，曰孝陵。先是世祖校獵於此，停轡四顧曰：「此山王氣葱鬱，可爲朕壽宮。」因自取佩韘擲之，諭侍臣曰：「韘落處定爲穴。」至是陵成，皆驚爲吉壤。歲以清明、中元、冬至、歲暮爲四大祭。並改建福陵、昭陵地宮。工竣，以奉安祇告，致祭如大饗。安神位隆恩殿，製龕座、寶牀、帷幔、衾褥、檡椸如太廟式。

凡因公謁陵，三品以上官羅城門外行禮。遇祭日，二品以上許入城隨守陵官陪祭。歸，謁辭。

凡謁陵，東巡石門，王、貝勒在隆恩門外三跪九拜，當直官啓門，貝子以下、三品官以上則否，皆奉祀官爲導，遇祭日免。是時三陵建功德碑，嗣凡起陵，皆立碑，如故事。

八年，定四時大祭，遣多羅貝勒以下，奉國將軍、覺羅男以上行禮。

明年秋，奉太皇太后、皇太后率皇后謁孝陵。前一日，躬告太廟，越日啓鑾。陳鹵簿，不作樂。既達陵所，太皇太后坐方城東旁，奠酒舉哀。皇太后率皇后等詣明樓前中立，六肅、三跪、三拜，隨舉哀、奠酒，復三拜。還行宮。凡皇太后謁陵倣此。次日，帝復謁隆恩殿，行大饗禮。又次日，殿前設黃幄，焚楮帛，讀文致祭，禮成。還京，仍告太廟。越二日，御太和殿，百官表賀。

明年秋，車駕至盛京，謁福陵、昭陵畢，召將軍等賜以酒，幷諭守陵總管、副總管曰：「爾等職司典祀，凡祭品必親虡視，務盡誠敬，副朕孝思。」還御大清門受賀，燕賚羣臣，頒守陵官軍。其永陵遣王大臣致祭，復遣官分詣穎親王、克勤郡王、直義公費英東諸勳貴墓酹酒。還京日，仍告廟如儀。

二十一年，滇平，詣兩京謁陵，如初禮。還京，祗告奉先殿。自是靖寇難，謁陵告祭以爲常。

六十年，御極週甲，命世宗率皇子、皇孫詣盛京，皇子祭昭陵，皇孫祭永陵，帝親往福陵大祭。

雍正元年，定聖祖陵曰景陵。其明年，清明謁祭如典。八年冬至，會聖祖忌辰，禮臣言準陵寢大祭，用太牢，獻帛、爵，讀祝文。遣官承祭具朝服。十三年清明、冬至大饗，改遣公爵番行。七月望日，將軍、侍郎等承祭，其朔、望、忌辰，則定總管掌關防承祭，行三跪九叩禮。

乾隆元年，命宗室輔國將軍等六人徙駐瀋陽，給田廬，歲時致祀。二年，諭改朔、望承祭貝勒、公、大臣番行。復慮儀節不齊，增贊禮郎二人導引退，仍不贊。三年清明，謁世宗泰陵。

六年，定三陵四時大饗。忌辰祭饗，題派移駐將軍二人行禮。七年，增置三陵爵墊，備禮儀。

八年，定謁陵如太廟親祀儀，載入儀注。已，奉皇太后謁祖陵，禮節準康熙時例。自後三謁皆如之。

四十三年秋，先後謁永陵、福陵，因諭：「睠懷遼瀋舊疆，再三周歷，心儀舊緒，靳永勿諼。夫奕禩昇平景運，皆昔日艱難開創所貽。後世子孫，當覽原巘而興思，拜松楸而感悟。默念天眷何以久膺，先澤何以善繼。知守成之難，兢業無墜。庶熙洽之盛，億萬斯年。不然，輕故都，憚遠涉。或偶詣祖陵，漠不動心，視同覽古，是忘本也。盛京根本重地，發祥所自，後世不可不躬親閱歷，其毋負朕言！」

嘉慶五年清明，詣昌瑞山謁高宗裕陵，先敷土，次大饗。陵寢官豫取潔土儲筐，俟帝如更衣次易縞素，執事從官素服，冠去纓，隨至方城。有司進黃布護履，帝納履，從臣亦如之，自東磴道升至寶城石欄東，陵寢大臣合土以筐，隨駕至敷土處跪進。帝拱舉，敷畢，授筐，降，脫履。於是更袍服，冠綴纓，執事官俱易。禮臣請行大饗，帝詣隆恩殿行禮。讀祝，三獻。

凡清明日謁陵敷土，在喪服期，帝親行。十年，帝初謁永陵，御素服，詣啓運殿後階，三跪九拜，有司進奠几，三拜三奠爵。訖，舉哀。翼日朝服行大饗。謁福陵、昭陵亦如之。後復以祭器乖誤，革盛京禮部侍郎世臣職。因諭「豐沛舊都，大臣不應忘卻」。下其諭各公署，其重祀如此。

道光八年，謁裕陵、昌陵，軍機大臣隨入門，命著爲例。九年，奉皇太后詣盛京謁三陵，如儀。

咸豐元年謁東陵，五年謁西陵，孝貞皇后謁泰陵，陵寢女官爲導，入門皆由左，至明樓前行禮，六肅三跪三拜。女官進奠几，后三拜三奠爵，西饗舉哀。次謁昌陵、慕陵如初禮。同、光間悉依此行。

凡孝陵、景陵以下，世宗曰泰陵，高宗裕陵，仁宗昌陵，宣宗慕陵，文宗定陵，穆宗惠陵，並在直隸易、遵化二州，稱東西陵，東陵鳳臺山，封昌山；西陵太平峪，封永寧山；並祀方澤。設奉祀官，置莊園。

隆恩殿大饗用祝幣，其日燃明鐙，用牛一、羊二、尊四，帝、后同案位，設奉先制幣一，羹飯脯醢器十八，餅果器六十五。牲實俎，帛實篚。酒實尊，承以舟。疏布冪勺具。皇貴妃祔祀，則西旁東嚮，素帛一，減餅果十一器。

凡冬至暨慶典不舉哀。遣官祭饗用朝服。升降自西階，出入皆門右。皇子謁陵，至下馬碑降騎，至隆恩門外升左階。三跪九拜，不贊，不奠酒。

妃園寢設官如制，建饗殿，設神位。四時遣官奠酒，一跪六拜，不贊。出入殿左門。朔、望則奉祀官行禮。光緒間，帝謁西陵，詣莊順皇貴妃寢園，一跪三拜三奠酒。並諭禮臣，祭品儀節從優。是後清明、中元、冬至、忌辰遣王公致祭，餅果增至六十五器。

宣統初，德宗葬興隆峪，號崇陵。

皇太子園寢與妃園寢同。嘉慶間，帝親臨端慧皇太子園寢，三奠三爵，從臣隨行禮，每奠一拜。載其儀入會典云。

清史稿卷八十七

志六十二

禮六 吉禮六

昭忠祠　賢良祠　功臣專祠　宗室家廟　品官士庶家祭

昭忠祠　雍正二年諭曰：「周禮有司勳之官，凡有功者，書名太常，祭於大烝。祭法，『以死勤事則祀之』。於以崇德報功，風厲忠節。自太祖創業後，將帥之臣，守土之官，沒身捍國，良可嘉憫。允宜立祠京邑，世世血食。其偏裨士卒殉難者，亦附祀左右。褒崇表闡，俾遠近觀聽，勃然可生忠義之心，並爲立傳垂永久。」於是建祠崇文門內，歲春、秋仲月，諏吉，遣官致祭。王公大臣位正殿，陳案七，羊一、豕一。左三案，共羊豕各一。右如之。每案素帛一、爵三、果盤五。諸臣位兩配樓暨後正室，各設案五，兩廡各設案三，皆羊豕各一，爲通數。兵士附祀，案三十有六，案設豕肉一盤、爵三、果品二。太常卿承祭，配樓後室司官分獻。六年，祠成，命曰「昭忠」，頒御書額，曰「表奬忠勳」。

明年，循序定位，前殿正中祀敬謹莊親王尼堪，英誠武勳王揚古利，定南武壯王孔有德，贈忠勇王黃芳度，武襄公巴爾堪，凡五人。東次龕祀安北將軍佟國綱，一等公佟養正、達福、西哈，一等侯馬得功，一等伯巴什太，都統宜理布、巴都里，議政大臣程尼、穆和琳，大學士張泰，議政大臣羅沙，三等伯王之鼎，總督范承謨，額駙托柏，大學士龍西、色思泰，總督額倫特，尙書査弼納、圖拇，太子太保佟濟，倉場侍郎王秉仁，巡撫傅弘烈，都統博波圖，議政大臣雅賚、道禪、名蓋，參贊內大臣馬爾薩，凡二十八人。西次龕祀續順公沈瑞，輔國公巴賽，大學士莫洛，尙書布顏岱，「十六大臣」綽和諾，巡撫柯永昇，都統沙里布，巡撫馬雄鎭，總督甘文焜、佟養甲，侍郎朝哈爾，鹽運使高天爵，參領費揚古，統領圖魯錫、喀爾他拉、喀爾護吉，副都統海蘭、蘇圖，統領胡里布、哈克三，佐領葉喜，侍郎永國，統領阿爾岱，提督孫定遼，凡二十有四人。東又次龕統領劉哈，副都統盧錫、科布蘇、阿喀倪、納爾特、錫密賚、科爾坤、多頗洛、戴豪、渾錦、魏正、羅濟、阿什圖、覺羅阿克善、常祿、阿爾護、吉三、巴雅思虎朗，凡十有八人。西又次龕提督段應舉，副都統穆舒、孟魁、白，原任巡撫賈維鑰，副都統邁圖，參領葛思特，巡撫朱國治、張文衡，侍郎馬如璧，糧道葉映榴，巡道陳啓泰，通政使莫洛渾，一等子穆克覃阿、納達、代音布，巡道陳丹赤，一等子覺羅莫洛渾，數亦如之。東末龕總兵吳萬福、徐勇、費雅達、朱天貴、張存福，都督僉事洪徵，總兵阿爾泰、歐陽凱，兵備道李懋祖，總兵楊佐，統領張廷輔，遊擊楊光祖，統領定壽，總兵王承業，侍衞錫喇巴，布政使遲變龍，凡十有六人。西末龕參領郭色，統領新泰，提督康泰，二等子覺羅顧納岱，總兵司九經，二等子拜蘭，總兵郝效忠、劉良臣，三等子巴郎、都爾莽鼐，副將楊虎，參將趙登舉，守備紀法，參將甘應龍，副將蔡隆，二等子拜三，一等男路什，總兵康海，凡十有七人。後室、配樓、左右次龕、又次龕、兩廡暨各次龕，祀官千五百餘人。東西房附祀兵士萬三百有奇。

八年，定制以滿尚書、都統一人承祭，後室、兩廡，太常官分獻。十一年，令子孫居京秩者隨祭。乾隆十三年，諭祀陣亡總兵任舉、侍衞丹泰，旋令征金川陣沒將士幷入之。十五年，祀都統傅清、左都御史拉布敦。十八年，追封巴爾堪、巴賽並爲簡親王。移巴爾堪位揚古利上，巴賽位孔有德上。初，前室左右各三龕，止序爵秩，不繫時代。至是定議，自天命以來，按代序官，同代同官序年月，依賢良祠例，按時班爵爲序。其兵士設位，分前、後廡，以橫板隔別之。

中葉以後入祀者，將軍班第、明瑞、溫福，都統滿福、扎拉豐阿，參贊大臣鄂容安，統領觀音保、烏三太、台斐音阿，提督許世亨，副都統呼爾起阿、第木保、覺羅明善，總兵王玉廷、李全、德福、貴林、張朝龍，而海蘭察以病沒，端濟布以傷，亦並入之。至典史溫模死守通渭，從容就義，特予入祠。且有取義舍生，賞延於世，褒諭流外微官，獲邀邮卹，茂典也。嘉慶朝，祀大學士福康安、將軍德楞泰、提督花連布、總兵多爾濟札普、知縣强克捷。先是，康熙間，巡撫曹申吉已入祠，至是以阿附吳三桂按實，奪之。時各省言沒王事者，奏報猥雜，龕位不給，於是詔建各省昭忠祠。其京祠定文三品、武二品以上，及八旗官弁爲限，已祀者如故。嗣是卑官預祀，視特旨行。故事，承祭官循例朝服，今改蟒袍補服，示別壇廟也。

道光初元，以國初殉難副將楊祖光等入祀，厥後賡入者，都統巴彥巴圖、烏淩阿、印登額，參贊大臣慶祥，總督裕謙，提督海淩阿、關天培、陳化成，副都統海齡、長喜，總兵萬建功、祥福、葛雲飛、鄭國鴻、王錫朋、謝朝恩、江繼芸、慶和、吳喜，副將烏大魁、馬韜、周承恩、劉大忠、陳連陞、朱貴、瑪隆阿、伊克坦布等。其卑秩中，如知縣楊延亮、縣丞方振聲、守備馬步衢、把總陳玉威，亦足多者。

咸豐三年，更定邮典，文四品、武三品官得再入京祠，幷獲祀陣亡所在地。其文五品、武四品以下，凡贈職銜及當例邮者，並祀之。是時軍興，死事揚烈者踵起，略舉其所入者。都統烏蘭泰、霍隆武，將軍佟鑑、祥厚、蘇布通阿、扎拉芬、和春，總督吳文鎔、陸建瀛，提督長瑞、長壽、董光甲、邵鶴齡、恩長、福珠洪阿、陳勝元、雙福、王錦繡、常祿、雙來、瞿騰龍、佟攀梅、鄧紹良、德安、周天培、史榮椿、張國樑、周天受、王浚、樂善、褚克昌，一等男阿爾精阿，一等子左炘，侍郎呂賢基、戴熙，巡撫常大淳、江忠源、陶恩培、鄒鳴鶴、吉爾杭阿、徐有壬，學政孫銘恩、張錫庚，副都統伊勒東阿、哲克東阿、達洪阿、貴陞、綳闊、博奇、常壽、西林布，多隆武、托克通阿、格綳額、伊興額、舒明安，頭等侍衞達崇阿，布政使岳興阿、劉裕鉁、涂文鈞、李續賓、李孟羣、王友端，按察使李卿穀、周玉衡，贊善趙振祚，郎中宋蔚謙，總兵博春、福誠、馬濟美、玉山、程三光、劉開泰、桂林、王國才、蔣福長、虎坤元、羅玉斌、邱聯恩、田興奇、承惠、陳大富、滕家勝、郭啓元、王之敬，道員羅澤南、朱鎮、金光筯、帥遠燡、溫紹原、何桂珍、王訓、趙印川、郭沛霖、黃淳熙、繆梓，知府謝子澄、劉騰鶴、江炳琳，副將謝陞恩、甯保、李成虎、彭三元、周雲耀、龍汝元。同治朝，則親王僧格林沁，大學士曾國藩，都統海全、舒通額，將軍多隆阿，統領舒保，參贊大臣錫霖、武隆額，領隊大臣色普詩、惠慶、達春泰、穆克登額，辦事大臣扎克當阿，頭等侍衞隆春、奇克塔善，內閣學士金順，提督占泰、李臣典、向榮、塔齊布、林文察、蕭河清、周顯承、羅朝雲、蕭德揚、楊得勝、曹仁美、毛福益、張仁泗、劉松山、譚玉龍、羅雨春、張紹武、胡良作、姚連陞、饒得勝、劉長槐、榮維善、楊春祥、張萬美、魯光明、閻定邦、劉祥發、曹德喜，巡撫王有齡、羅遵殿、鄧爾恆，副都統錫齡阿、蘇倫保、恆齡，按察使黃運昌，總兵郝上庠、雷陞、熊建益、林向榮、余際昌、郎桂芳、江福山、何建鼇、羅應貴、毛芳恆、張樹珊、唐殿魁、周兆麒、李大榭、陳清彥、鄧鴻超、江登雲、傅先宗，道員福咸、俞焜、趙景賢、張同登、趙國澍、瑞春、周縉、秦聚奎、彭毓橘、葛承霖、鄧子垣，知府朱鈞、姜錫恩、竇天灝、于醇儒，副將劉神山、黃金友、周學貴、羅春鵬、王夢齡、張起鳳、劉勝龍。光緒間，則大學士左宗棠，總督恆春、曾國荃，將軍明緒，領隊大臣崇熙、烏勒德春、托克托布、博勒果素、托克托奈、喀爾莽阿，參贊大臣額騰額、覺羅奎棟，辦事大臣奎英、薩淩阿，提督朱南英、李秀山、湛其英、楊世俊、王子龍、文德盛、陳忠德、滕學義、何明海、魏金闕、文德昌、李登第、王慶福、楊萬義、楊必耀、李大洪、鍾興發、張宗久、楊玉科、劉思河、李其森、梁善明，鹽運使陶士霖，總兵石紹文、陳登雲、鄧仁和、黃應斗、周友山、朱希廣、王茂連、王春和、譚聲俊、達年、剛安泰、向集梧、鄧承恩、韋和禮、劉節高、陳嘉、左寶貴、周康祿、黃鼎、葉維藩、侯雲登，戶部主事玉潤，知府龔秉琳、侯學雲、馬椿齡、張瀚中，副將王世晉、李天和、章茂、張定邦、尤正廷、楊隆輝、張玉秋、王碧庭、徐安邦、李啓榮、裕廉、王宗高。二十六年，尚書崇綺，將軍延茂，總督李秉衡，並入祀。尋罷秉衡。凡祠祭諸臣，大都効命戎行，守陴徇義，或積勞沒身。褒忠節，勸來者，會典綦詳。茲錄什一，以見例焉。

雍正初，各省立忠義祠，凡已旌表者，設位祠中，春、秋展祀。乾隆四十一年，定明代殉國諸臣，既邀諡典，並許入祠。又諸生、韋布、山樵、市隱者流，遂志成仁，亦如前例。嘉慶七年，始令各省府城建昭忠祠，或附祀關帝及城隍廟，凡陣亡文武官暨兵士、鄉勇，按籍入祀。八旗二品以上官已祀京祠者，仍許陣亡所在地祠祀，合五十人一龕，位祀正中，兵勇則百人或數十人一位，分列兩旁，駐防位綠營上。春、秋二奠，有司親涖，用少牢，果品、上香、薦帛、三獻如儀。同治二年，允曾國藩請，江寧建昭忠祠，祀湖南水陸師陣亡員弁。已復抗節官紳亦許崇祀，並建專祠。婦女殉難者，亦別立貞烈祠云。

賢良祠　雍正八年詔曰：「古者大烝之祭，凡法施於民，以勞定國者，皆列祀典，受明禋。我朝開國以後，名臣碩輔，先後相望。或勳垂節鉞，或節厲冰霜，既樹羽儀，宜隆俎豆。俾世世爲臣者，觀感奮發，知所慕效。庶明良喜起，副予厚期。京師宜擇地建祠，命曰『賢良』，春、秋展祀，永光盛典。」迺營廟宇在地安門外西偏，正殿、後室各五楹，東、西廡，歲春、秋仲月，諏吉，遣官致祭。前殿案各素帛一、羊一、豕一、果五盤。後室果品同，唯牲、帛共案而具一。承祭官蟒服，二跪六叩三獻。餘如常儀。

於是僉議怡賢親王允祥，宗功元祀，宜居首。大學士、公圖海，公賴塔，大學士張英，尚書顧八代、馬爾漢、趙申喬，河道總督靳輔、齊蘇勒，總督楊宗仁，巡撫陳瓆，咸列其選。自是先後賡續入祠者，大學士范文程、巴克什達海、阿蘭泰、李之芳、吳琠、張玉書、李光地、富寧安、張鵬翮、寧完我、魏裔介、額色黑、王熙，領侍衞內大臣福善、費揚古、尹德，尚書勵杜訥、徐潮、姚文然、魏象樞、湯斌，提督張勇、王進寶、孫思克、施琅，總督趙良棟、于成龍、傅臘塔、孟喬芳、李國英，都統馮國相、李國翰、根特，統領莽依圖，將軍阿爾納、愛星阿、佛尼埒，副都統褚庫巴圖魯。明年祠成，頒御書額曰「崇忠念舊」，設位爲祭。前殿內大臣或散秩大臣、尚書、都統主之。後殿用太常寺長官。入祠日，子孫咸與行禮，春、秋遣官陪祀同。

十二年，祀大學士田從典、高其位。乾隆元年，命入祀諸臣未予謚者悉追予。是歲祀尚書銜兼祭酒楊名時，大學士朱軾，內大臣哈世屯，尚書米思翰。五年，祀總督李衞。明年，祀尚書徐元夢，巡撫徐士林。十年，釐定祠位，前殿正中祀怡賢親王，後室諸臣合一龕。首世次最先者，餘分左右行，按世序爵，大學士居前，次領侍衞內大臣、尚書、都統、將軍、總督、前鋒護軍統領、提督、侍郎、巡撫、副都統，以次分列。至世爵有子、男授尚書、都統者，有侯、伯爲侍郎、副都統者，仍視官秩爲差。

嗣是入祀，則超勇親王策凌，列怡賢親王左次龕。名臣則大學士馬齊、伊桑阿、福敏、黃廷桂、蔣溥、史貽直、梁詩正、來保、傅恆、尹繼善、陳宏謀、劉綸、劉統勳、舒赫德、高晉、英廉、徐本、高斌，協辦大學士兆惠，左都御史拉布敦，尙書汪由敦、李元亮、阿里袞，尙書銜錢陳羣，都統傅清，將軍和起、伊勒圖、奎林，總督那蘇圖、陳大受、喀爾吉善、鶴年、吳達善、何煟、袁守侗、方觀承、薩載、提督許世亨，巡撫潘思榘、鄂弼、李湖、傅弘烈。弘烈自雍正時，拉布敦、傅清自乾隆時，並入昭忠祠，今再祀賢良者也。

嘉慶朝，則祀大學士福康安、阿桂、劉墉、王杰、朱珪、戴衢亨、董誥，尙書董邦達、彭元瑞、奉寬，總督鄂輝。道光朝，則祀大學士富俊、曹振鏞、托津、長齡、盧蔭溥、文孚、王鼎，協辦大學士汪廷珍、陳官俊，尙書黃鉞、隆文，將軍玉麟，總督楊遇春、陶澍，河道總督黎世序。咸豐朝，則祀大學士潘世恩、文慶、裕誠，協辦大學士杜受田，侍郎杜堮，巡撫胡林翼。同治朝，則祀大學士桂良、祁寯藻、官文、倭仁、曾國藩、瑞常、賈楨，大學士銜翁心存，協辦大學士駱秉章，總督沈兆霖、馬新貽。其光緒朝入祀者，恭忠親王奕訢。名臣大學士文祥、英桂、全慶、載齡、左宗棠、靈桂、寶鋆、恩承、福錕、張之萬、麟書、額勒和布、李鴻章、榮祿、裕德、崑岡、崇禮、敬信，協辦大學士沈桂芬、李鴻藻，將軍長順，總督沈葆楨、丁寶楨、岑毓英、曾國荃、劉坤一，提督宋慶，巡撫張曜也。宣統初入祀者，止大學士王文韶、張之洞、孫家鼐、鹿傳霖，協辦大學士戴鴻慈五人而已。

各省賢良祠，雍正十年，詔：「各省會地建祠宇，凡外任文武大臣，忠勇威愛，公論允翕者，俾膺祀典，用勸在官。如將軍蔡良，提督張起雲，總兵蘇大有、魏翥國，足稱斯選。」定制，春、秋祭日視京師，以知府承祭，品物儀節亦如之。

功臣專祠　順治十一年，詔爲孔有德建祠，度地彰義門外三里，曰定南武壯王祠，二妃祔焉。康熙三年，定春、秋展祀，其後建恪僖公祠安定門外，祀一等公遏必隆並縣主舒舒覺羅氏。嗣領侍衞內大臣尹德，尙書阿里袞暨其夫人，乾隆時並祔祀云。

其建自雍正朝者，朝陽門外勤襄公祠，祀定南將軍佟圖賴及其夫人，長子忠勇國綱、次子端純國維，皆以軍功祔祀。德勝門外文襄公祠，祀大學士圖海。安定門外與恪僖祠並峙者，爲弘毅公祠，祀光祿大夫額亦都，並以夫人配。

建自乾隆朝者，東安門外恪僖公祠，祀內大臣哈世屯及其夫人，子承恩公米思翰、孫李榮保，其後曾孫大學士傅恆祔祀焉。崇文門內雙忠祠，祀左都御史拉布敦、都統傅清。合昭忠、賢良而復建專祠者，他無與比也。地安門外旌勇祠，祀將軍明瑞，而都統扎拉豐阿，統領觀音保，總兵李全、王玉廷、德福亦先後入祔。睿忠親王祠在朝陽門外，祀多爾袞並福晉六人。嘉慶時，建大學士福康安祠曰「獎忠」，在東安門外，都統額勒登保祠曰「褒忠」，在地安門外。光緒時，建科爾沁親王僧格林沁祠曰「顯忠」，在安定門內。大學士、伯李鴻章祠曰「表忠」，在崇文門內。宣統時，合祀立山、聯元祠在宣武門外。

凡京師專祠，歲春、秋仲月吉日，遣太常卿分往致祭。用少牢一、果品五。唯佟圖賴、哈世屯兩祠，則少牢三，果品十有五。旌勇祠少牢如通常，果品亦十五云。位各用帛一、爵三，諸祠並同。嘉慶七年，始定承祭官行禮用蟒袍補服。

其在各省者，歲春、秋守土官致祭。茲紀其勛勞最著者。自湖廣建忠節祠以祀左都督徐勇，各省建專祠始此。康熙間，廣西建雙忠祠，祀馬雄鎭、傅弘烈，於是福建祀范承謨、陳啓泰、吳萬福、高天爵，雲南祀甘文焜。

雍正間，淸河祀靳輔、齊蘇勒，開封祀田文鏡。盛京祀怡賢親王。乾隆中，詔通達、武功、慧哲、宣獻四郡王，禮烈、饒餘、鄭獻、穎毅四親王並入之，改名賢王祠。已，睿忠、豫宣二親王，克勤郡王，亦均同祀。嵇曾筠、高斌，合祀淸河靳輔等祠。伊犁祀班第、鄂容安，而拉布敦、傅淸且建祠及西藏矣。

嘉慶時，武威建雙烈祠，祀韓自昌、韓加業，同安祀李長庚，成都祀德楞泰，韓城、滑縣祀强克捷。

道光間，江南祀黎世序，臺灣祀方振聲、馬步衢、陳玉威，趙城祀楊延亮，虎門祀關天培暨陳連陞父子，鎭海祀裕謙，定海祀葛雲飛、鄭國鴻、王錫朋，京口祀海齡，寶山祀陳化成。

咸豐間，廣西祀長瑞、長壽暨阿爾精阿，西安、蘇州祀林則徐，安慶祀蔣文慶，廬州祀江忠源，瑞州祀劉騰鴻，江寧、蘇州祀向榮、張國樑，京口祀吉爾杭阿，附祀綳闊、劉存厚，揚州祀雙來、瞿騰龍，溧水、滸墅祀李坤元，天津祀佟鑑、謝子澄，長沙、九江祀塔齊布，湖廣、江西、安徽祀李續賓，江西、湖廣祀羅澤南，又與饒廷選合祀廣信，湘鄉復分祀澤南、王鑫、劉騰鴻。湖南、江西祀蕭啓江，湖廣祀胡林翼，後安慶亦祀之。遵義祀羅繞典。

同治間，湖北合祀官文、胡林翼，廬州祀李孟羣，浙江祀瑞昌、王有齡、張玉良等，杭州祀羅遵殿，富陽祀熊建益，湖州祀趙景賢，陳州、安慶、臨淮、淮安祀袁甲三，南昌、青陽祀江忠義，安徽、湖廣祀李續宜，後復與多隆阿合祀潛山。安慶、蘇州、嘉興祀程學啓，河南、安徽、陝西、吉林祀多隆阿，後與林翼合祀安慶。江寧、安慶、吉安祀李臣典，湖南、福建、廣東祀張運蘭，曹州、天津、蒙城祀僧格林沁，後復祀奉天。湖南、江蘇、安徽祀彭毓橘，湖廣祀曹仁美等，四川、湖南祀駱秉章，陝、甘祀劉松山，江寧、安慶祀馬新貽，江寧、湖南、湖北、安徽、直隸祀曾國藩，後復與國荃合祀開封。長沙合祀張亮基、潘鐸，巴燕岱祀穆克登額，哈密祀扎薩克親王錫伯爾，南豐祀吳嘉賓，貴州祀蔣霨遠、黃潤昌等。於是禮部言：「各省專祠宜擇隙區曠土，毋侵民居，並禁改毀志乘名蹟、聖賢祠墓。」報可。

光緒間，揚州、黃州祀吳文鎔，安徽、江西、閩、浙、甘肅祀劉典，江南、江西、福建、臺灣祀沈葆楨，江蘇、福建、山東、湖南祀郭松林，江、浙、直隸、山東、河南祀吳長慶，後復祀朝鮮。閩、浙、陝、甘、新疆、江寧祀左宗棠，四川、湖南、江西、安徽、江蘇祀鮑超，陝、甘、吉林祀金順，大理、鎮南祀楊玉科，江西、廣西、雲南、新寧祀劉長佑，雲、貴、廣西祀岑毓英，安徽、山東祀周盛波，後復與盛傳、戴宗騫合祀濟南。 湖廣、江西、江寧、浙江西湖祀彭玉麟，福建、安徽、吉林祀穆圖，江蘇、陝、甘祀楊岳斌，南昌、貴陽祀席寶田，湖南、江西、江寧祀曾國荃，河南、安徽、湖北、直隸、甘、新祀張曜，安慶、江寧、青縣祀周盛傳，山東、江蘇祀陳國瑞，山東、陝西祀閻敬銘，湖南、甘、新祀劉錦棠，安徽、福建祀劉銘傳，山東、四川祀丁寶楨，杭州、長沙、蘭州祀楊昌濬，江、浙、河南、直隸、山東祀李鴻章，直隸、奉天、河南、安徽祀宋慶，安徽及蘆臺祀聶士成，湖南、江西、安徽、江寧祀劉坤一，廣西、雲、貴祀馮子材，安徽、湖南祀曾國華，甘、新祀陶模，直隸、安徽祀馬玉崑，安徽祀英翰，湖南、宣城祀鄧紹良，江南祀蕭孚泗，江寧祀陶澍、林則徐、鄒鳴鶴、福珠洪阿，清、淮、徐州祀吳棠，姚廣武等附之。徐州祀滕學義、唐定奎，淮安祀張之萬，杭州祀阮元、蔣益澧，淮、揚祀章合才，南昌祀吳坤修，東鄉祀羅思舉，河南祀倭仁，溫縣祀李棠階，西安祀劉蓉、曾望顏，天津祀怡賢親王、文謙、丁壽昌，靈壽、保定祀成肇麐，順天薊州祀吳可讀，寶坻祀潘祖蔭，新疆祀金運昌，奉天建三賢祠，祀文祥、崇實、都興阿，又祀左寶貴、依克唐阿、長順。 吉林祀金福、延茂、富俊、希元，福建臺灣祀王凱泰，四川西充祀武肅親王豪格，臨桂祀陳宏謀，貴陽祀曾璧光、韓起、黎培敬。於時各省紛請立專祠，諭毋濫。

宣統享國未久，而湖北、安徽、陝、甘、奉天祀雷正綰，直隸、山東、河南、安徽祀程文炳，安徽及蒙古旗祀潘萬才，合肥祀董履高，渦陽祀牛師韓，杭州西湖祀徐用儀、許景澄、袁昶，號爲「三忠」云。昶又祀蕪湖。自是聯元祀寶坻，張之洞祀武昌，王文韶祀長沙，馬維麒祀成都，丁體昌祀秦州，夏毓秀祀昆明，此皆舉其大者。其餘疆吏題請，禮臣議覆，事載實錄，年月可稽者，尚不一而足也。

有清一代，從龍諸佐，蔚起關外。平三藩，漢將西北爲多。靖三省教匪，蜀將競興。東南海寇橫，閩帥踵起。湘楚武臣，戡平粵亂。剿捻一役，參以皖將。其間完節死綏，祠祀尤夥。其功臣總祠，世宗朝，建忠勇祠蘭州。仁宗朝，建彰忠祠喀什噶爾。同治中興，湖南有表忠祠，湘鄉、平江有忠義祠，洞庭君山、湘鄉、桂陽有昭忠祠。他如湖口石鐘山水師，金陵湘軍陸師，楚軍水師，吳淞外海水師，臺灣淮楚軍，蘇州、武昌、保定、廬州、巢湖、濟南、無錫各地淮軍，使凡轉戰糜軀者，莫不馨香血食，其爲昭忠一也。此外江寧、京口旗營，金陵軍營官紳，武昌武毅軍，成都嵩武軍，錦州毅軍，各昭忠祠，與各州縣忠義、昭忠、慰忠、忠烈等祠，所以卹死酬勳，不可勝紀。祭禮、祭品如前儀。

宗室家廟　崇德元年，定宗室封王者立家廟。順治五年，詔王無嗣，祔饗太廟後殿西廡。有子孫者，立廟別祭。四孟月、歲暮陪祭太廟，畢，歸府第行之。凡薦新，未獻太廟者，不得私獻家廟。於時莊親王立一廟，禮、巽、謙三親王合一廟，饒餘郡王、端重親王合一廟，穎親王、順承郡王合一廟，豫郡王一廟，克勤、衍禧二郡王合一廟。雍正九年，怡賢親王立一廟。

凡親王世子、郡王家祭，建廟七楹，中五爲堂，左右牆隔之爲夾室。堂後楣北五室，中奉始封王，世世不祧。高、曾、祖、禰依序爲二昭二穆，昭東穆西，親盡則祧。由昭祧者，藏主東夾室，升二昭位於一室，以二室奉升祔主。由穆祧者，藏西夾室，升祔亦如之。南爲中門，又南廟門，左右側門，庭分東、西廡，東藏衣冠，西則祭器、樂器。廟重檐，丹楹，采桷，綠瓦，紅堊壁。門內焚帛鑪。外封牲房，西嚮。歲以四時仲月諏吉，仲春出祧主合食。

其禮，堂中始封祖專案，正位，南嚮。左東夾祧主共案，次二昭共案，東嚮。右西夾室祧主共案，次二穆共案，西嚮。少西設香帛案一，尊案一，每案羊、豕各一，鉶、簠、簋各二，籩、豆各八。位各帛一、爵三、樂器六。同祖所出子孫，成人以上，屆期會祭，府僚與陪，執事通贊、屬官爲之。奉香、帛、爵則用子孫。先三日，主人齋外寢，衆咸齋。祀日昧爽，主人朝服入，位堂檐內正中，與祭伯叔輩位東階上，兄弟子孫位東階下，位以世差，世以齒序。官屬位西階下，序以爵。俱北面。質明，子弟長者二人詣世祖室，四人分詣東西夾室，昭、穆室，各奉主安几。昭，考右妣左；穆，考左妣右。跪，一叩，興。主人盥，就位，迎神樂作。詣始祖位前三上香，以次詣各祧位前上香，率族屬行二跪六拜禮。奉帛、爵奠、獻、讀祝如儀。三獻訖，詣始祖位前跪受爵、受胙，三拜，徹饌，送神，二跪六拜。詣燎位視燎。禮成，奉主還室，退。分胙頒族屬。

其時祭之禮，堂中設案五，始祖考、妣正位南嚮，高、曾、祖、禰，依昭穆爲左右。案各羊一、豕一，餘如合食制。其時節薦新，屆日主人夙興，率子弟盛服入廟，潔堂宇，設案，陳果羞盤各六，每位箸二、琖三。啓室，以次詣各案前跪上香，三拜，子弟徧獻酒，主人二跪六拜，子弟隨行禮。畢，闔室，退。因事致告，薦果羞各四，禮同薦新。月朔望謁廟亦如之。

貝勒、貝子、宗室公家祭廟五楹，三爲堂。後楣北分室五，奉始封祖暨四代。兩旁夾室奉親盡祧主。廟不重檐，門不備采，餘如親王。合食，始祖專案，羊一、豕一，東夾室祧主暨二昭專案，羊豕各一。西夾室祧主暨二穆亦如之。時祭俱專案，昭穆各同牲，籩、豆視親王各減二，不用樂，一跪三拜。時節薦果盤各四，有事則告，朔望則謁。餘如親王儀。

品官士庶家祭　凡品官家祭廟立居室東，一至三品廟五楹，三爲堂，左右各一牆限之。北爲夾室，南爲房。庭兩廡，東藏衣物，西藏祭器。庭繚以垣。四至七品廟三楹，中爲堂，左右夾室及房，有廡。八、九品廟三楹，中廣，左右狹，庭無廡。篋藏衣物、祭器，陳東西序。堂後四室，奉高、曾、祖、禰，左昭、右穆。妣以嫡配，南嚮。高祖以上，親盡則祧。由昭祧者，藏主東夾室；由穆祧者，藏主西夾室。遷室、祔廟，並依昭穆世次，東西序爲祔位，伯叔祖父兄弟子姓成人無後者、殤者，以版按行輩墨書，男東女西，東西嚮。定牲器之數，一至三品，羊一、豕一，每案俎二，鉶、登各二，籩、豆各六。四至七品，特豕，案一俎，籩、豆各四。八品以下，豚肩不特殺，案一俎，籩、豆各二。

歲祭以四時仲月諏吉，讀祝、贊禮、執爵皆子弟爲之。子孫年及冠，皆會祭。前三日，主人曁在事者齋。祀日五鼓，主人朝服，衆盛服，入廟。主人竢東階下，族姓竢庭東西，順昭穆世次。主婦率諸婦盛服入，詣爨所視烹飪。羹定，入東房治籩、豆，陳鉶、登、匕、箸、醯、醬以竢。質明，子弟長者啓室，奉主陳之几，昭位考右妣左，分薦者設東西祔位。主人升自東階，盥訖，詣中檐拜位立。族姓行尊者立兩階上，卑者立階下。咸北面。主人詣香案前跪，三上香，進奠爵，興，復位，率族姓一跪三拜。主人詣高祖案前獻爵，曾、祖、禰案前畢獻如儀，分薦者徧獻祔位酒，讀祝。每獻，主婦率諸婦致薦，一叩興。初獻七箸醯醬，亞獻羹飯肉胾，三獻餅餌果蔬。卒獻，主人跪香案前，祝代祖考致嘏於主人，主人啐酒嘗食，反器於祝，一叩興，復位，送神，一跪三拜。視燎畢，與祭者出，主人率子弟納神主，上香行禮。徹祭器，闔門，退。日中而餕。

三品以上，時祭徧舉。四至七品，春、秋二舉。八九品春一舉。與祭者，尊卑咸在。主人肅入席，酌尊者酒，子弟年長者離席酌主人，長幼獻酬交錯。已事，咸出。徹席，餕庖人、僕人必盡之。

令節薦新，一至三品，每案果、羞各四，四至七品，減果二，八、九品並減羞二，具羹飯則同。月朔望供茶，食案二器，儀同時薦。庶士家祭，設龕寢堂北，以版隔爲四室，奉高、曾、祖、禰，妣配之，位如品官儀，南嚮。服親成人無後者，順行輩書紙爲祔位，已事，焚之，不立版。每四時節日，出主以薦，粢盛二盤，肉食果蔬四器，羹二，飯二。先期致齋。薦之前夕，主婦在房治饌，逮明，主人吉服，率子弟奉主陳香案，昭東穆西，設祔位西序案，主人立東階下，衆按行東西立。主人上香畢，一跪三拜，興。主婦率諸婦出房薦七箸醯醬，跪，叩，退。主人至案前，以次酌酒、薦熟，跪，叩，興。子弟薦祔位，畢，讀祭文。再獻，主婦薦飯羹，三獻薦餅餌時蔬。主人率族姓行禮訖，焚祭文及祭位，納主，徹退，日中而餕。春一舉，月朔望獻茶，有事則告，俱一跪三拜。

庶人家祭，設龕正寢北，奉高、曾、祖、禰位，逢節薦新，案不踰四器，羹飯具。其日夙興，主婦治饌，主人率子弟安主獻祭，一切禮如庶士而稍約。月朔望供茶，燃香、鐙行禮。告事亦如之。

清史稿卷八十八

志六十三

禮七 嘉禮一

二曰嘉禮。屬於天子者，曰朝會、燕饗、冊命、經筵諸典。行於庶人者，曰鄉飲酒禮。而婚嫁之禮，則上與下同也。周官「以嘉禮親萬民」，體國經野，罔不繇此。茲舉其大者，附以儀之同者，著於篇。

登極儀　清初太祖創業，建元天命，正月朔卽位，貝勒、羣臣集殿前，按翼序立。皇帝御殿，皆跪。八大臣出班，跪進上尊號表，侍臣受，跪御前宣讀。帝降座，焚香告天，率貝勒、羣臣行禮，三跪九叩，畢，復座，貝勒等各率旗屬慶賀。太宗踐阼亦如之。天聰十年，改元崇德，建國號曰大清。前期誓戒三日，築壇，備鹵簿。屆日，帝率羣臣詣天壇祇告。禮成，奉御寶官先行，帝自中階登壇升座，貝勒等三跪九叩。畢，衆跪，貝勒分左右列。奉寶官跪獻，帝受寶，轉授內院官，羣臣行禮如初。畢，皆跪，宣讀官奉滿、蒙、漢三體表文立壇東，以次畢讀，羣臣行禮訖，復位，奏樂，駕還宮。翼日帝御殿，羣臣表賀，三跪九叩，次執事官行禮如前儀。於是賜宴，頒赦詔。八年，世祖嗣服，遣官告壇、廟如初禮，唯不設鹵簿，不作樂，不賜宴。

順治元年十月朔，定鼎燕京，先期太常官除壇壝，司禮監設座案。屆日，遣官告廟、社，備大駕鹵簿，帝御祭服，出大清門，詣南郊，告天地。禮成，導入天壇東幄次易禮服。御座，羣臣跪，禮部尚書引大學士一人升自東階，正中北面跪，學士一人自案上奉寶授大學士，祗受，致辭云：「皇帝君臨萬國，諸王文武羣臣不勝歡忭。」訖，轉授學士，學士跪受，陳於案，復位。羣臣禮畢，駕還宮。鴻臚寺官設御案皇極門中，檐東設表案，王、貝勒等序立內金水橋北，文武官序立橋南，俱東西嚮。樂作，帝御座則止。鳴鞭。執事官階上行禮畢，就位。王率羣臣進表，行禮畢，鳴鞭，駕還宮。越九日甲子，頒詔如制。

聖祖纘業，分遣官祭告天地、宗社，帝衰服詣几筵行三跪九叩禮，祗告受命。御側殿易禮服，詣太皇太后、皇太后兩宮，各行三跪九叩禮。遂乘輿出乾清門，御中和殿，內大臣等執事官行禮。復御太和殿，王公百官上表行禮如儀。不宣讀，不作樂，不設宴。王公入，賜茶畢，還宮。反喪服，就苫次，頒詔。世宗承大統，一如前儀，惟罷賜茶。高宗以後，儲宮嗣立者並同。

授受儀　古內禪儀。初高宗享國日久，嘗諭年至八十六歲卽歸政。逮乾隆六十年，詔曰：「自古帝王內禪，非其時怠荒，卽其時多故，倉猝授受，禮無可採。今國家全盛，其詳議典禮以聞。」於是諏吉定儲位，以明年爲嗣皇帝元年。禮臣上儀注。先期遣官祭告廟、社，屆日所司設御座太和殿。左右几二，正中寶案，稍南東西肆；東楹詔案，西楹表案，南北肆；黃案居丹陛中。檻內敷嗣皇帝拜褥。殿前陳鹵簿，門外步輦。午門外五輅、馴象、仗馬、黃蓋、雲盤，簷下設中和韶樂，門外丹陛大樂。內閣學士奉傳位詔陳東案，禮部官陳賀表西案，大學士等詣乾清門請寶陳左几，大學士二人分立兩簷下，王公百官序立。朝鮮、安南、暹羅、廓爾喀使臣列班末。欽天監官詣乾清門報時，嗣皇帝朝服出毓慶宮，時後扈內大臣二人率侍衞二十人集乾清門外，導引禮部長官二人立門階下，前引大臣十人立殿後階下。太上皇帝禮服乘輿出，嗣皇帝從諸臣前引後扈。午門鳴鐘鼓，至殿後降輿。太上皇帝御中和殿升座，嗣皇帝殿內西嚮立，鴻臚寺官引執事大臣按班，不贊，行九叩禮。侍班者趨出，就外朝位，中和韶樂作，奏元平章。太上皇帝御太和殿，嗣皇帝侍立如初。樂止，階下鳴鞭三，丹陛大樂作，奏慶平章。嗣皇帝詣拜位立，王公立丹陛上，百官及陪臣立丹墀下，鳴贊官贊「跪」，嗣皇帝率羣臣跪。贊「宣表」，宣表官入，奉表至檐下正中跪，大學士二人左右跪，展表，樂止。宣訖，還奉原案，退。贊「興」，嗣皇帝退立左旁，西嚮，大學士二人導近御前跪。左大學士請寶，跪奉太上皇帝，太上皇帝親授嗣皇帝，嗣皇帝跪受，右大學士跪接，陳右几。嗣皇帝詣拜位，樂作，贊「跪，叩，興」，率羣臣行九叩禮。贊「退」，樂止，禮成。鳴鞭如初。中和韶樂作，奏和平章。太上皇帝還宮。內監豫設樂懸，太上皇帝御內殿，公主，福晉，暨皇孫、皇曾元孫未錫爵者，行禮慶賀。

嗣皇帝易禮服，祗竢保和殿暖閣，內閣學士豫奉傳位詔及御寶陳太和殿中案，禮部官奉登極賀表陳東案，扈引者集保和殿外。欽天監報時，嗣皇帝御中和殿，執事者按班行禮，不贊。禮畢，嗣皇帝御太和殿登極。作樂，止樂，宣表，行禮，悉準前式。禮畢，退，復位。大學士進，奉詔，出中門，授禮部尚書。尚書跪受，興，奉置黃案，行三叩禮。復奉詔陳雲盤，儀制司一人跪受，興，自中道出。禮成，俱退，嗣皇帝還宮。大學士等詣乾清門送寶，禮部恭鐫詔書頒行。

垂簾儀　咸豐十一年，文宗崩，穆宗幼沖嗣位。御史董元醇奏請皇太后暫權朝政，稱旨，命王大臣等議垂簾儀制。議上，懿旨猶謂「垂簾非所樂爲，唯以時事多艱，王大臣等不能無所稟承，姑允所請」云。於是仲冬月朔，帝奉兩宮皇太后御養心殿聽政，王公大臣集殿門外，行禮如儀。凡召見內外臣工，兩宮皇太后、皇帝同御養心殿，太后前垂簾。或召某臣進見，議政王、御前大臣番領之。引見外官，則御養心殿前殿，議政王、御前大臣率侍衞等按班分立，太后前垂簾設案，進各員銜名，豫擬諭旨，分別錄注。皇帝前設案，各長官依例進綠頭籤，議政王等奉陳案上，引見如常儀。皇太后簡單內某名鈐印，已，授王大臣傳旨。其臣工請安摺，並具三分以進。各省、各路軍事摺報，凡應降諭旨者，議政王等請旨繕擬後，次日呈閱頒行。唯撰擬文句，仍本帝意，宣示臣工，宜書曰「朕」。

同治十三年，德宗入繼文宗，王公大臣復請兩宮皇太后垂簾，悉準同治初成式。光緒六年，慈安皇太后薨，慈禧皇太后始專垂簾，制十三年歸政，德宗以時艱尚棘，凡召見、引見，仍陞座訓政，設紗屏以障焉。

親政儀 同治十二年正月，兩宮皇太后歸政，穆宗行親政典禮，先期遣告天、地、廟、社，屆日陳皇太后儀駕、皇帝法駕鹵簿，設表案慈寧宮門，檻內敷皇帝拜褥，太和殿內東旁設詔案，東次表案，丹陛中案各一。午門外設龍亭、香亭，內閣學士奉皇帝慶賀表文納諸櫝，捧出。大學士從至永康左門外，大學士接櫝，至慈寧門，升東階，陳案上，退。內侍舉案入，庋慈寧宮寶座東，內閣學士奉詔陳殿中黃案，禮部官奉王公百官賀表陳東次黃案。凡將軍、提、鎮賀表置龍亭內。鴻臚寺官引和碩親王以下，入八分公以上暨蒙古王公等集隆宗門外，不入八分公以下二品大臣以上集長信門外，三品以下集午門外。欽天監報時，帝御禮服乘輿出隆宗門，至永康左門外降，王以下隨行，至慈寧門，帝升東階，及門左，西嚮立。日講官四人在西階，東嚮立。前引大臣率侍衞在儀駕末，分左右立。皇太后出御慈寧宮，中和樂作，奏豫平章，升座，樂止。帝就拜位，丹陛樂作，奏益平章。王公大臣侍衞等循次嚮上立，贊「拜跪」，帝率羣臣三跪九拜。時西楹下置御史二，鳴贊官二。儀駕末及午門外御史、禮部官、鳴贊官各二，藉以侍儀。永康左門及諸門內外並置鳴贊官，接續外傳。午門外各官隨同行禮，鳴贊官贊「禮成」，帝復位。王大臣各復位立，皇太后還宮，禮部尚書奏

「禮成」，然後帝還宮。俄復出御中和殿，執事官行禮畢，趨出就外朝立，帝御太和殿，樂作，升座，樂止，鳴鞭三，王公百官行禮。其宣表、頒詔並如前制。光緒十三年德宗親政倣此。

大朝儀　天命元年，始行元旦慶賀，制朝儀。天聰六年，行新定朝儀，此班朝所繇始，崇德改元，定元旦進表箋及聖節慶賀儀。順治八年，定元旦、冬至、萬壽聖節爲三大節。康熙八年，定正朝會樂章，三大節並設。大朝行禮致慶，王以下各官、外藩王子、使臣咸列班次，所司陳鹵簿、樂懸如制。太和殿東具黃案。質明，王、貝勒、貝子集太和門，不入八分公以下官集午門外。禮部奉表置亭內，校尉舁行至午門外陳兩旁，奉表入太和殿列案上。鴻臚卿引王、貝勒等立丹陛。鳴贊官引羣臣暨進表官入兩掖門，序立丹墀。朝鮮、蒙古諸臣自西掖門入，立西班末。糾儀御史立西檐下東嚮者二人，丹陛、丹墀東西相嚮者各四人，東西班末八人，鳴贊官立殿檐者四人，陛、墀皆如之。丹陛南階三級，鑾儀衞官六人司鳴鞭。欽天監報時，皇帝出御中和殿，執事官行禮畢，趨外朝視事。駕出，前導、後扈如儀。午門鳴鐘鼓，中和樂作，御太和殿，樂止。內大臣分立前後，侍衞又次其後護守之。起居注官四人立西旁金柱後，大學士，學士，講、讀學士，正、少詹事立東檐下。御史、副僉都御史立西檐下，鑾儀衞官贊「鳴鞭」，鳴贊官贊「排班」，王公百官就拜位立跪。宣表官奉表出，至殿下正中北嚮跪，大學士二人展表，宣表官宣訖，置原案，丹陛樂作，羣臣皆三跪九叩。退，就立原次。鴻臚寺官引朝鮮等使臣，理藩院官引蒙古使臣就拜次，三跪九叩，丹陛樂作，禮畢，樂止，退立如初。賜坐，羣臣暨外臣皆就立處一跪三叩，序坐。賜茶畢，復鳴鞭三，中和樂作，駕還宮。樂止，羣臣退。

初制，外官元日朝覲，集保和殿前行禮，康熙二十六年後罷。乾隆六年，定行在聖節朝賀行禮。二十四年，定大朝百官班次，設立紅漆木牌。五十四年，增置都察院長官二人，科、道三十六人，分立品級山旁整朝序。又高宗初年，文三品、武二品以上賜茶，餘惟記注官、外國使臣與焉。嘉慶二年罷賜茶。令甲，元旦、萬壽節午時設宴，冬至節次日受賀。萬壽節先謁太廟，次詣皇太后宮行禮，畢，受賀。直省文武官値三大節，俱設香案，朝服望闕行禮，滿、蒙、漢軍分兩翼，漢官分文東武西。

常朝儀　太祖丙辰建元後，益勤國政，五日一視朝，焚香告天，宣讀古來嘉言懿行及成敗興廢所由，訓誡臣民，然未垂爲定制也。崇德初，始定儀注，設大駕鹵簿，王以下各官朝服，竢帝出宮，樂作。御殿，陞座，樂止。賜坐，諸臣各依班次，一叩就座。部、院官出班奏事畢，駕還宮。順治九年，給事中魏象樞言：「故事有朔、望朝，有早朝、晚朝、內朝、外朝，今縱不能如往制，請一月三朝，以副厲精圖治至意。」楊簧亦言：「舊例百官每月十一朝，似太繁數，今每日入朝奏事，較十一朝不爲少，應定每月初五、十五、二十五日行朝參禮。」自是遂定逢五視朝制。尋定見朝、辭朝、謝恩各官，俱常朝日行禮。帝御太和殿，引見畢，賜坐賜茶，悉準常儀。如是日不御殿，各官行禮午門外。外藩來朝暨貢使，亦常朝日行禮，如速返，則不拘朝期，卽赴午門行禮，外官應速赴任者亦然。

又定常朝御殿，王公入殿中旁坐如次。康熙八年，定公、侯、伯以下各官爲六班，按次列坐，後復改爲九班。九年，諭都察院糾察王大臣失儀。二十年，置常朝糾儀御史及司員。雍正二年，遣侍衞四人監察朝班，定視朝日天未明，鴻臚寺官二人引左右翼官入西掖門依班坐。鼓嚴，起立聽贊，自仗南引進，整齊班列，行禮如儀。乾隆初，敕大小各官依內廷官例，黎明坐班。十六年，諭部院大臣董率庶僚，常朝按期赴班，毋曠闕。

光緒九年，更定朝制，凡新除授各官，鴻臚寺列銜名交內閣，屆日禮部尚書、鴻臚卿請駕御殿，導各官謝恩行禮，王公百官侍鹵簿後。不御殿，文武官則坐班午門外。其時刻，春冬以辰正，夏秋以卯正，遇雨雪及國忌則免。坐班日，鴻臚寺官按翼定位，王公集太和門外，東西各二班，百官集午門外，東西各九班，糾儀御史吏、禮司員各四人，分列班首末，並西面北上。屆時吏、禮司員受職名，糾儀官環班稽察，復位坐。有間，以次出。

御門聽政儀，清初定制，每日聽政，必御正門，九卿科道齊集啓奏，率以爲常。雍正初，始定御門典禮，凡部院所進本有未經奉旨者，摺本下內閣，積若干，傳旨某日御門辦事。是日，乾清門正中設御榻、黼扆、本案一。黎明，部院奏事大臣暨陪奏官屬畢集庭內。帝升座，侍衞左右立，記注官升西階，部院官升東階，各就列跪，尙書前，侍郎後，陪奏官又後。尙書一人奉本匣折旋而進，詣本案前，跪陳於案，興，少退，趨東楹，轉入班首。跪，口奏某事，畢，興，少退，率屬循階左降。其奏事次序，戶、禮、兵、工四部輪班首上，三法司直第三班，吏部直第六班，宗人府則列部院前，翰詹科道及九卿會奏則居部院後，各依班進奏如初。至吏部奏事，兼帶領各部番直司員八人，引見畢，始退。內閣侍讀學士二人升東階，詣案前跪，舉本匣，興，退。翰詹科道暨侍衞俱退。時欽派讀本滿學士一人，奉摺本匣升東階，折旋而退，大學士從，依班次跪。記注官少進東嚮立，奉匣學士詣案前跪啓匣，取摺本依次啓奏，帝降旨宣答。大學士等承旨訖，興，自東階降，記注官自西階降。駕還宮。奏事時，令翰林官記注，自順治二年始。

先是奏事春夏以卯正，秋冬以辰初。康熙二十一年，命展御門晷刻，春夏改辰初，秋冬辰正。越二年，御史衞執蒲請以五日或二三日爲期，聖祖諭：「政治務在精勤，始終不宜有間。」二十五年，置科道各二人侍班，列起居注官上。二十七年，省起居注官，其侍班翰林，令啓奏摺本時卽退。雍正初，復設起居注官，增二人。又令編檢四人侍班，列科道上。乾隆二年，命修撰、編、檢依科道例，懸數珠，肅朝儀。嘉慶十八年，諭宣本承旨時，御前大臣及侍衞毋退，著爲令。

太上皇帝三大節朝賀儀　嘉慶元年，高宗傳位仁宗，尊爲太上皇帝，定朝賀儀。屆日陳法駕、鹵簿、樂懸如授受儀，太和殿設三案，表亭舁至午門，慶賀表文陳東案，筆硯陳西案。質明，王公百官朝服，外國使臣服本國服，集闕下。皇帝禮服，竢保和殿暖閣。太上皇帝乘輿出，至太和殿北階降，中和韶樂作，奏元平章，御殿升座，樂止。帝殿內西嚮立，鳴鞭三，贊「排班」，丹陛大樂作，奏慶平章。帝就拜位，北嚮，時鴻臚官分引羣臣曁外使肅班立，贊「進」，贊「跪，叩，興」。帝率羣臣行三跪九叩禮。畢，帝旋位立，衆退，復班次，樂止。鳴鞭，中和韶樂作，奏和平章。太上皇帝還宮，樂止。帝御殿，羣臣進表行禮如儀。

太皇太后、皇太后、皇后三大節朝賀儀　順治八年，定元旦慈寧宮階下設皇太后儀仗、樂器，皇太后御宮，樂作。陞座，樂止。帝率內大臣、侍衞詣宮行三跪九叩禮。畢，公主、福晉以下，都統、子、尚書命婦以上，行六肅三跪三叩禮。作樂如初，大設筵宴。冬至、聖壽節同，唯冬至罷宴。康熙八年，定元日太皇太后、皇太后儀駕、中和韶樂、丹陛大樂全設。帝率王公大臣、侍衞暨都統、子、尚書以上官，先朝太皇太后宮，次詣皇太后宮，行禮如儀。畢，皇后率公主、福晉、命婦行禮亦如之。二十一年，諭京、外進表官集午門外行禮。尋置糾儀御史，分列宮門外、午門外儀駕末，嚴監視。

乾隆十二年，定慶賀皇太后許二品命婦入班，尋諭世爵朝賀增入男爵。嘉慶二十五年，諭值皇太后三大節，將軍、督、撫、提、鎭具表慶賀，罷遞黃摺祝文。道光元年元旦，大學士先進皇帝慶賀表文，帝始率羣臣詣宮行禮。同治元年，皇太后、皇帝同御慈寧宮受賀，明年，改御養心殿。王、公、二品以上官，集慈寧門外，三品以下集午門外，朝鮮使臣列西班末，按班行禮，不贊。冬至、聖壽節同。唯遇大慶年，俟皇太后陞殿後，增用宣表例。光緒二年，皇太后聖壽，皇帝親進表文，餘儀同。

皇后向無受羣臣賀儀，順治間，定元旦慶賀，儀仗全設。皇后詣皇太后宮行禮畢，還宮，自公主及命婦俱詣皇后宮朝賀。冬至、千秋節同。康熙時，定皇后先詣太皇太后宮，次皇太后宮行禮，還宮升座，自公主迄鎭國將軍夫人，公、侯迄尚書命婦，咸朝服行禮。雍正六年，始令皇后千秋節王公百官咸蟒袍補服，後準此行。攝六宮事皇貴妃千秋節，儀同皇后。

大宴儀　凡國家例宴，禮部主辦，光祿寺供置，精膳司部署之。建元定鼎宴，崇德初，太宗改元建號，設宴篤恭殿。順治元年，定鼎燕京，設筵宴、設寶座皇極門正中，帝陞座，賜百官坐，賜茶、進酒，俱一跪一叩。宴畢謝恩如初禮。是日賜宴，有內監數輩先行拜舞，諭：「朝賀大典，內監不得沿明制入班行禮。」裁抑宦官自此舉始。

元日宴，崇德初，定制，設宴崇政殿，王、貝勒、貝子、公等各進筵食牲酒，外藩王、貝勒亦如之。順治十年，令親王、世子、郡王暨外藩王、貝勒各進牲酒，不足，光祿寺益之，御筵則尚膳監供備。康熙十三年罷，越數歲復故。二十三年，改燔炙爲肴羹，去銀器，王以下進肴羹筵席有差。

雍正四年，定元旦宴儀，是日巳刻，內外王、公、台吉等朝服集太和門，文武各官集午門。設御筵寶座前，內大臣、內務府大臣、禮部、理藩院長官視設席。丹陛上張黃幔，陳金器其下，鹵簿後張青幔，設諸席。鴻臚寺官引百官入，理藩院官引外藩王公入。帝御太和殿，升座，中和韶樂作，王大臣就殿內，文三品、武二品以上官就丹陛上，餘就青幔下，俱一叩，坐。賜茶，丹陛大樂作，王以下就坐次跪，復一叩。帝飲茶畢，侍衞授王大臣茶，光祿官授羣臣茶，復就坐次一叩。飲畢，又一叩，樂止。展席冪，掌儀司官分執壺、爵、金卮，大樂作，羣臣起。掌儀司官舉壺實酒於爵，進爵大臣趨跪，則皆跪。掌儀司官授大臣爵，大臣升自中陛，至御前跪進酒。興，自右陛降，復位，一叩，羣臣皆叩。大臣興，復自右陛升，跪受爵，復位，跪。掌儀司官受虛爵退，舉卮實酒，承旨賜進爵大臣酒。王以下起立，掌儀司官立授卮，大臣跪受爵，一叩，飲畢，俟受爵者退，復一叩，興，就坐位，羣臣皆坐。樂止，帝進饌。中和清樂作，分給各筵食品，酒各一卮，如授茶儀。樂止，蒙古樂歌進。畢，滿舞大臣進，滿舞上壽。對舞更進，樂歌和之。瓦爾喀氏舞起，蒙古樂歌和之，隊舞更進。每退俱一叩。雜戲畢陳。訖，羣臣三叩。大樂作，鳴鞭，韶樂作，駕還宮。

冬至宴，順治間制定如元旦儀，後往往停罷。元會宴，凡元正朝會，歲有常經，遇萬壽正慶，或十年國慶，特行宴禮。乾隆三十五年、五十五年，聖製元會作歌，宴儀如前。惟行酒後，慶隆舞進，司章歌作，司舞飾面具，乘禺馬，進揚烈舞。司弦筝阮節抃者，以次奏技。喜起舞，大臣入，行三叩禮，循歌聲按隊起舞，歌闋，笳吹進，番部合奏進，內府官引朝鮮俳，回部、金川番童陳百戲，爲稍異耳。

千秋宴，爲康熙五十二年創典，設暢春園。凡直省現官、致仕漢員暨士庶等，年六十五以上至九十者咸與。遣子孫、宗室執爵授飲，分給食品，諭毋起立，以示優崇。乾隆五十年，設宴乾清宮，自王、公訖內、外文、武大臣暨致仕大臣、官員、紳士、兵卒、耆農、工商與夫外藩王、公、台吉、回部、番部土官、土舍，朝鮮陪臣，齒逾六十者，凡三千餘人。其大臣七十以上，餘九十以上者，子孫得扶掖入宴。年最高者，如百五歲司業銜郭鍾岳等，得隨一品大臣同趨黼座，親與賜觴。宴罷，頒賞珍物有差。嘉慶初元再舉，設宴皇極殿，與宴者三千五十六人，邀賞者五千人。上自樽槐，下逮袀襏，以至蒙、回、番部、朝鮮、安南、暹羅、廓爾喀陪价，略其年甲，咸集丹墀，誠盛典也。

大婚宴，順治八年，大婚禮成，設宴如元旦儀。並進皇太后筵席牲酒，嗣後倣此。

耕耤宴，順治十一年舉行，命曰「勞酒」。

凱旋宴，自崇德七年始。順治十三年定制，凡凱旋陛見獲賜宴。乾隆中，定金川，宴瀛臺；定回部，宴豐澤園；及平兩金川，錫宴紫光閣。其時所俘番童有習鍋莊及甲斯魯者，番神儺戲，亦命陳宴次，後以爲常。道光八年，回疆奠定，錫宴正大光明殿，是日大將奉觴上壽，帝親賜酒，命侍衞頒從征大臣酒，餘如常儀。

宗室宴，乾隆十一年，設宴瀛臺，賜宗室王公，遵旨長幼列坐，行家人禮，並引至淑清院流盃亭游覽，賜酒果。四十八年，設宴乾清宮，命皇子、王、公等暨三、四品頂戴宗室千三百有八人入宴。其因事未與宴者咸與賞，都凡二千人。嘉慶九年，設筵惇敍殿，略同瀛臺宴。

外藩宴，歲除日設保和殿，賜蒙古王、公等，凡就位、進茶、饌爵、行酒、樂舞、謝恩，並如元會儀。其來朝進貢，送親入覲，或御賜恩宴，或宴禮部，取旨供備。至諸國朝貢，如朝鮮、安南、琉球、荷蘭遣使來京，亦有例宴。乾隆間，緬甸使臣陪宴萬樹園，以其國樂器五種合奏。厥後凡遇筵宴，備陳準部、回部、安南、緬甸、廓爾喀樂。

又順治中，定制鄉試宴順天府，會試及進士傳臚宴禮部。餘如臨雍、經筵、修書、初舉日講、臨幸翰林院、繕寫神牌，亦賜宴如例。衍聖公、正一眞人來朝，纂實錄、會典皆於禮部設宴云。

上尊號徽號儀　清初太祖、太宗建元，羣臣皆上尊號，其禮卽登極儀也。康熙中，臣民合辭擬上尊號。至六旬聖壽，復籲請。聖祖諭言無裨治道，皆不允行。迄高宗敉定邊陲，王大臣猶以上尊號請，亦未俞納。惟新君踐阼，奉母后爲皇太后、皇太后爲太皇太后，則上尊號。國家行大慶，則上徽號，或二字、或四字，遞進以致推崇。

順治八年，上孝莊皇后尊號，其徽號曰「昭聖慈壽」。先期祭告，帝躬上奏書。屆期太和殿陳皇帝法駕，慈寧宮陳皇太后儀駕，供設咸備。王公集太和門，大臣集右翼門，各官集午門，分翼立。帝升殿，中和韶樂作，奏海上蟠桃章，帝閱册、寶畢，執事官分置亭內，鑾儀校舁行，前册亭，後寶亭。帝率羣臣從駕至慈寧門，入宮立陛東，禮部侍郎、內閣學士奉册、寶入，大學士奉宣讀册、寶文入，侍立左旁，帝就拜位，王公百官依班位序立。皇太后御宮，中和韶樂作，奏豫平章，升座，樂止。贊「跪」，帝率羣臣跪。奏「進册」，大學士右旁跪進，興，退，帝受册，恭獻，大學士左旁跪接，興，陳中案。奏「進寶」，如前儀。贊「宣册」，宣册官至案前北面跪，啓函宣讀訖，仍納之，興，退。贊「宣寶」同，仍置原案。女官四人舉案陳宮階上。丹陛大樂作，奏益平章，帝率羣臣三跪九叩。午門外各官承傳隨班行禮。禮成，皇太后起座，中和韶樂作，奏履平章，還宮。皇后率六宮、公主以下詣宮慶賀。翼日，帝御太和殿，王公百官上表慶賀，頒詔如制。是歲大婚禮成，加上徽號禮亦如之。

康熙初元，加上徽號，時以諒陰，不奏書，不行禮，不朝賀。凡大婚、親政、册立皇后、武功告成、皇太后大慶、上徽號並如常儀。

乾隆四十一年，金川平，上徽號，皇太后諭帝春秋高，不宜過勞，令豫陳册寶，至時行禮，罷宣讀表文，後倣此。

道光九年，平回疆，上皇太后徽號，緬甸國王遣使進金葉賀表，緬王進表自此始。

尊封太妃進册寶如前儀，唯內監舉案陳太妃座前，帝行禮，太妃起避立座旁。次日御殿受賀同。若遣官將事，禮部尚書朝服詣內閣，册寶舁出，偕大學士送之，至宮門外，內監入獻太妃、太嬪，受訖，禮成。册寶初制用金，康、乾時兼用嘉玉，道光後專以玉爲之。凡尊封皇貴妃、貴太嬪，並用册寶，太妃用册印，太嬪用册。

册立中宮儀　崇德初元，孝端文皇后以嫡妃正位中宮，始行册立禮。是日設黃幄淸寧宮前，幄內陳黃案，其東册寶案。王公百官集崇政殿，皇帝御殿閱册寶。正、副使二人持節，執事官舉册寶至黃幄前，皇后出迎。使者奉册寶陳案上，西嚮立，宣讀册文，具滿、蒙、漢三體，以次授右女官，女官跪接獻皇后，后以次跪受，轉授左女官，亦跪接，陳黃案。次宣寶，受寶亦如之。使者出，復命，皇后率公主、福晉、命婦至崇政殿御前六肅三跪三叩。畢，還宮升座，妃率公主等行禮，王公百官上表慶賀，賜宴如常儀。

康熙十六年，册立孝昭仁皇后，前期補行納采、大徵如大婚禮。親詣奉先殿告祭，天地、太廟後殿則遣官祭告。至日設節案太和殿中，東西肆；左右各設案一，南北肆。帝御殿閱册寶，王公百官序立，正、副使立丹陛上，北嚮，宣制官立殿中門左。宣制曰：「某年月日，册立妃某氏爲皇后，命卿等持節行禮。」於是正、副使持節前行，校尉舁册寶亭出協和門，至景運門，以册寶節授內監，奉至宮門，皇后迎受。行禮畢，內監出，還節使者，使者復命，帝率羣臣詣太皇太后、皇太后宮行禮。翼日，皇后禮服詣兩宮及帝座前行禮。

乾隆二年，册立孝賢純皇后，如常儀。命頒詔，著爲家法。

嘉慶元年，立孝淑睿皇后，册命日，會太上皇帝千秋宴訖還宮，帝、后詣前行禮。帝御殿，正、副使持節，禮成，先詣太上皇宮門前復命，餘如常儀。

册封妃、嬪，亦自崇德初元始，四妃同日受封，届時命使持節册封如禮。妃等率公主、福晉、命婦詣帝前六肅三跪三叩，后前亦如之，妃前則行四肅二跪二叩，妃等相對各二肅一跪一叩。康熙時，貴妃、七嬪與中宮同日封，諸嬪有册無寶。乾隆十三年，定皇妃攝六宮事，體制宜崇，祭告如册中宮儀。次日朝皇太后，拜跪甬路左旁。道光三年，諭嗣後封嬪罷祭告，卽與妃同日受封亦然，著爲令。

册立皇太子儀　康熙十四年，立嫡子允礽爲皇太子，先期祭告，玉帛香版，皆皇帝躬視。届日御殿傳制，與册立中宮同。正使授册，副使授寶。行禮畢，正、副使復命。帝率皇太子祭告奉先殿，皇太子拜褥敷檻外，並詣帝、后宮行禮。翼日，帝御殿受賀，頒詔如常儀。王公進箋皇太子前致慶，皇太子詣武英殿與親、郡王等行禮。外省文武官並箋賀如儀。

遇太子千秋節，太子先詣奉先殿致祭，隨詣皇帝前行禮，還毓慶宮，旋御惇本殿受賀。王公百官二跪六叩，畢，還宮，羣臣退。

厥後允礽廢立，迄晚年儲位未定。五十年後，大學士王掞七上密疏，請建國本，六十年，復申前請，觸聖怒。至乾、嘉後，始明宣不立儲貳諭旨，開國固未嘗有也。

冊封諸王儀　崇德元年，定冊封日，王、貝勒序立崇政殿前，內院官奉制冊、印陳於案，竢旨授封。諸王等皆跪，宣冊官、奉冊官並立案東，次第宣畢，奉冊、印授諸王等。王等祗受，轉授從官，復位。禮畢，隨奉冊官赴清寧宮，詣帝、后前行禮，三跪九叩。遂出大清門，諸王等互賀，俱二跪六叩。還邸，福晉、夫人各行慶賀。府僚致賀諸王，二跪六叩，貝勒僚屬一跪三叩。

康熙十二年定制，凡冊封，簡正、副使二人，前一日，殿堂上設節案，香案，冊寶案，堂前儀衞、樂懸備陳。屆期，正、副使詣太和殿奉節出，校尉舁冊寶亭赴王府，王率府僚跪迎門外。正、副使奉冊寶節分陳各案，立節案東，王立案西。行禮畢，王詣香案前跪，聽宣制冊，使者授冊寶，王祗受，復位，行禮如初。使者奉節復命，王率府僚跪送，迎送俱用樂。封親王曰寶，郡王曰印，貝勒有制冊無印。行禮謝恩並同。初制，封親王世子用金冊，郡王鍍金銀冊，貝勒授誥命，旋改用紙制冊。咸豐十年，諭冊封親王用銀質鍍金，以恭親王奕訢王爵世襲，仍製金冊。

冊封公主，封使至，公主率侍女迎儀門右，使者奉制冊入，陳門前黃案上，移置堂前幄內。公主升西階，六肅三跪三叩，宣訖，授侍女，公主跪受，行禮如初。使者復命，仍送儀門外。是日帝陞殿，公主至御前，次入后宮，並六肅三跪三叩。又次詣諸妃前，各四肅二跪二叩，還府，府屬慶賀，餘如封親王儀。凡固倫公主、和碩公主，同輩者封長公主，長者封大長公主，並給金册云。

清史稿卷八十九

志六十四

禮八 嘉禮二

大婚儀　皇子婚儀王公婚禮附　公主下嫁儀郡主以下于歸禮附
品官士庶婚禮　視學儀臨雍附　經筵儀日講附　策士儀
頒詔儀迎接詔書附　進書儀　進表箋儀　巡狩儀　鄉飲酒禮

大婚儀　清初太祖戊子年，葉赫國貝勒納林布祿送妹來歸，帝率貝勒等迎之，大宴，禮成，時猶未定儀注也。太宗卽位後，行册立禮。至順治八年，世祖大婚，始定納后儀。先期諏吉行納采禮，前一日，遣官祭告郊、社、太廟。屆日質明，設節案太和殿，禮物具丹陛上，陳文馬其下。正、副使竢丹墀東。鳴贊官口贊，使臣三跪九拜訖，升東階，立陛上。宣制官傳制，使臣跪。制曰：「茲納某氏某女爲后，命卿等持節行納采禮。」大學士入，奉節出，授正使，正使受，偕副使興，前行降中階左。執事官納儀物綵亭中。儀仗前導，衞士牽馬從，出太和中門，詣后邸。后父朝服跪迎門外道右。旣入，使臣陳節中案，執事陳儀物左右案，陳馬於庭。使臣傳制納采，以次奉儀物授后父，后父跪受，興，率子弟望闕行禮。使臣出，跪送如初。前期一日，行納徵禮。所司具大徵儀物，遣使傳制，如納采儀。大婚前一日，復遣官祭告，屆期鹵簿、樂懸具。帝御太和殿閱册、寶，制辭曰：「皇帝欽奉皇太后懿旨，納某氏爲皇后。茲當吉月令辰，備物典册，命卿等以禮奉迎。」遣使如册后儀，使臣隨册、寶亭出自協和門，駕還宮。

時皇后儀仗陳邸第，封使至，后父率親屬朝服迎門外，后禮服迎庭中，后母率諸婦咸朝服跪。使臣奉册、寶入陳案上，后就案南北面跪，內院官西嚮立，讀册、寶文，次第授左女官，女官跪接獻皇后，后祇受，轉授右女官，亦跪接，陳案上盝內。后興，六肅三跪三叩，禮畢，陞輦。女官奉盝置綵亭，鼓樂導前，次儀仗，次鳳輦。后父母跪送如跪迎儀。輦至協和門，儀駕止。女官奉盝前行置中宮，輦入自中門，至太和殿階下降輦入宮。

帝御中和殿，率諸王詣皇太后前行禮。畢，諸王退。帝御太和殿，賜后父及親屬宴，王公百官咸與。皇太后御位育宮，卽保和殿，賜后母及親屬宴，公主、福晉、命婦咸與。越三日，帝復御太和殿，王公百官上表慶賀，頒詔如制。賜后父母兄弟服物有差。十一年大婚，越三日，后謁皇太后禮畢，始宴。康熙四年大婚，就后邸設納采宴，公主、輔臣命婦各三人，內大臣、侍衞及公以下、羣臣二品以上咸與。

大徵亦如之。賜后祖父母、父母衣服，謝恩如儀。至日，使臣奉册、寶至，后祗受畢，欽天監報時，后陞輦。命婦四人導前，七人隨後，皆騎。內大臣、侍衞從，至太和殿階下退。后降輦，內監奉册、寶導至中和殿，命婦退。執事命婦迎侍入宮，奉册、寶內監授守寶內監，退。帝詣太皇太后、皇太后前行禮，御殿、賜宴如初。皇太后率輔臣命婦入宮，賜后母及親屬宴，公主、福晉不與。時加酉，宮中設宴，行合巹禮。翼日，后詣兩宮朝見，三日受賀，頒詔如常儀。

同治十一年，納采、大徵、發册、奉迎，悉準成式。惟屆時后陞輦，使臣乘馬先，內監扶左右內大臣等騎從。至午門外，九鳳曲蓋前導，行及乾清門，龍亭止，使臣等退，禮部官奉册、寶陳交泰殿左右案，退。輦入乾清宮，執事者俱退，侍衞合隔扇。福晉、命婦侍輦入宮，宮中開合巹宴，禮成。光緒十五年大婚，越六日，后始朝見皇太后，又越二日，帝受賀，餘儀同。

皇子婚儀　先指婚，簡大臣命婦偕老者襄事。福晉父蟒服詣乾清門，北面跪，大臣西面傳旨：「今以某氏女作配皇子某爲福晉。」福晉父三跪九拜，退。擇吉，簡內大臣、侍衞隨皇子詣福晉家行文定禮。福晉父綵服迎門外，皇子升堂拜，福晉父答拜，三拜，興。見福晉母亦如之。辭出，福晉父送大門外。行納采禮，所司具儀幣，並備賜福晉父母服飾、鞍馬。以內府大臣、宮殿監督領侍充使。及門，福晉父迎入中堂，謝恩畢，輿宴，大臣陪福晉父宴中堂，命婦、女官陪女眷宴內室，畢，使者還朝復命。婚前一日，福晉家齎妝具陳皇子宮，至日，皇子詣帝后前行禮，若爲妃嬪出，則並詣焉。

吉時屆，鑾儀衞備綵輿，內府大臣率屬二十、護軍四十詣福晉第奉迎。綵輿陳堂中，女官告「升輿」，福晉升，父母家人咸送。內校舁行。女官從，出大門乘馬。至禁城門外，衆步行隨輿入，至皇子宮門降，女官導入宮。屆合巹時，皇子西嚮，福晉東嚮，行兩拜禮。各就坐，女官酌酒合和以進，皆飲，酒饌三行，起，仍行兩拜禮。於時宮所張幕、結綵，設宴，福晉父母、親族暨大臣、命婦咸與，禮成。翌日皇子、福晉夙興，朝見帝、后，女官引皇子居左稍前，三跪九拜，福晉居右稍後，六肅三跪三拜。見所出妃嬪，皇子二跪六拜，福晉四肅二跪二拜。越九日，歸寧。已宴，偕還，不踰午。

王公婚禮，崇德間定制，凡親王聘朝臣女爲婚，納采日，府屬官充使，是日設宴，牲酒盛陳。婚日宴亦如之。給女父母服物鞍馬符例。若外藩親、郡王，貝勒，台吉女，儀物視爵次爲差。婚日宴，牲多少異宜。世子，郡王，貝勒，貝子，鎭、輔國公聘娶，儀物暨宴日牲酒，其數遞降，皆有差等。順治間，更婚制，限貝勒以下罷用珠緞。賜婚，王公詣中和殿或位育宮謝恩，其子未受封者，婚禮視其父，已受封則從其爵。康熙初，始令王公納采易布爲緞，餘如故。

公主下嫁儀　指婚日，額駙蟒服詣乾清門東階下，北面跪，襄事大臣西面立。宣制：「以某公主擇配某額駙。」祗受命，謝恩退。初定，諏日詣午門，進一九禮，卽納采也。駝馬、筵席、羊酒如數。得旨分納所司。次日燕饗，額駙率族中人朝服謁皇太后宮，禮訖，集保和殿。帝陞座，額駙等三跪九拜。御筵既陳，進爵大臣跪進酒，帝受飲，還賜大臣酒，跪飲之。時額駙等行禮惟一拜。徹宴謝恩，一跪三拜。出至內右門外，三跪九拜，退。凡帝前謝恩皆贊，后宮前不贊。是日額駙眷屬詣皇太后、皇后宮筵宴如儀。釐降前一日，額駙詣宮門謝恩，內府官率鑾儀校送妝奩詣額駙第，內管領命婦偕女侍鋪陳。

至日，額駙家備九九禮物，如鞍馬、甲冑，詣午門恭納，燕饗如初定禮。吉時屆，公主吉服詣皇太后、帝、后暨所生妃、嬪前行禮。命婦翊升輿，下簾，內校舁出宮，儀仗具列，燈炬前引。福晉、夫人、命婦乘輿陪從，詣額駙第行合巹禮。其日設宴九十席，如下嫁外藩，但用牲酒。成婚後九日，歸宮謝恩。公主入宮行禮，額駙詣慈寧門外、乾淸門外、內右門外行禮。

天命八年，太祖御八角殿，訓公主以婦道，毋陵侮其夫，恣意驕縱，違者罪之。時議謂王化所由始。厥後定制，額駙及其父母見公主俱屈膝叩安，有賚賜必叩首，尋遠古轍已。逮道光二十一年，宣宗以爲非禮所宜，稍更儀注，額駙見公主植立申敬，公主立答之，舅、姑見公主正立致敬，公主亦如之。如餽物，俱植立，免屈膝，以重倫紀，著爲令。

又定下嫁時停進九九禮，並罷筵宴，自後罷宴以爲常。明年，改初定進羊九，繼此踵行。同治時，定公主歸寧，免額駙內右門行禮，餘如前儀。

郡主于歸禮，崇德間，定親王嫁女聘儀，鞍馬、甲冑十有五。如嫁外藩，親王以下納采用駝、馬、羊，準七九數。媵婢八，男、婦五戶。順治時，朝臣聘儀，鞍馬、甲冑各七。乾隆時，定郡王媵婢六，男、婦四戶。嫁朝臣聘用鞍馬七，外藩納采視崇德時爲減。郡主以下，縣主、郡君、縣君、鄉君于歸禮，以次遞殺。康熙八年，定郡主、縣主歸寧，禁母家給滿洲人口，限用蒙、漢人八名，郡君至鄉君，蒙、漢人六名，將軍至宗室女，四名。乾隆三十五年，罷朝臣進納采禮，外藩如故。不設宴。

品官士庶婚禮　凡品官論婚，先使媒妁通書，迺諏吉納采。自公、侯、伯訖九品官，儀物以官品爲降殺。主婚者吉服，命子弟爲使，從者齎儀物至女氏第，主婚者吉服迎。從者陳儀物於庭，奉書致命，主婚者受書，告廟醴賓，賓退，送之門，使者還復命。是日設宴具牲酒，公、侯以下，數各有差。婚前一日，女氏使人奉箕帚往壻家，陳衾帷、茵褥、器用具。

屆日，壻家豫設合巹宴。壻吉服竢，備儀從。壻承父命親迎，以綵輿如女氏第。女氏主婚者告廟，辭曰：「某第幾女某，將以今日歸某氏。」迺笄而命之。還醮女內室，父東母西。女盛服出，北面再拜，侍者斟酒醴女，父訓以宜家之道，母施衿結帨，申父命，女識之不唯。壻既至，入門再拜。奠雁，出。姆爲女加景蓋首，出。壻揖降。女從姆導升輿，儀衞前導，送者隨輿後。壻先還。輿至門，壻導升西階，入室踰閾，媵布壻席東旁，御布婦席西旁，交拜訖，對筵坐。饌入，卒食，媵御取琖實酒，分酳壻、婦，三酳用巹，卒酳，壻出。媵御施衾枕，壻入，燭出。是日具宴與納采同。

品官子未任職，禮視其父，受職者各從其品。士婚禮視九品官。庶民納采，首飾數以四爲限，輿不飾綵，餘與士同。婚三日，主人、主婦率新婦廟見，無廟，見祖、禰於寢，如常告儀。

雍正初，定制，漢人納采成婚，四品以上，綢緞、首飾限八數，食物限十品。五品以下減二，八品以下又減二，軍、民紬絹、果盒亦以四爲限。品官婚嫁日，用本官執事，燈六、鼓樂十二人，不及品者，燈四、鼓樂八人。禁靡費，凡官民皆不得用財禮云。

視學儀　順治建元，帝幸太學釋奠。先期衍聖公、五經博士至，聖裔五人，元聖及配、哲諸裔各二人，乘傳赴京。各氏子孫現列朝官者，各官學師生暨進士、舉、貢，咸與觀禮。內閣擬經、書，祭酒、司業撰講章進御。屆日，大成門東張大次，彝倫堂設黃幄御座，幄前置御案，左右講案二，祭酒等奉講章及進講副本，書左經右，陳於案。帝禮服乘輿詣學，祭酒、司業率官屬諸生跪迎成賢街右。駕入幄，詣大成殿釋奠。禮畢，出易袞服，幸彝倫堂，御講幄。升座，王公立階上，百官立階下，衍聖公率博士、各氏裔，祭酒等率官生就拜位，行三跪九叩禮。畢，自王公訖九卿以次賜坐，尋詣堂內跪，一叩。鴻臚官贊「進講」，祭酒、司業入，北嚮立，所司舉經案進御前。賜講官座，祭酒等一叩，坐。依次宣講。翰詹四品以下官，監官、師儒、博士、聖賢後裔、肄業諸生圜聽。講畢，退，聽講者咸退。復位序立，跪聆傳制。辭曰：「聖人之道，如日中天，講貫服膺，用資治理，爾師生勉之。」祭酒等三跪九叩，退。賜茶，羣臣受飲。一叩，禮成。駕出，咸跪送。翼日，監官、博士暨諸生表謝，帝御太和殿，禮賜如常儀，並賜衍聖公、各官宴禮部。越三日，頒敕太學，詔諸生策勵，賚衍聖公冠服，監官、博士等衣一襲，助教、諸生白金有差。

康熙八年，聖祖釋奠太學，講經，悉準成式。

雍正二年，諭：「視學大典，稱幸非宜，嗣後更『幸』爲『詣』。」

乾隆二年，命閔、冉、言、卜、顓孫、端木六氏博士陪祀觀禮，準五氏例行。明年，帝親視學，聖、賢各裔暨東野氏來觀禮者三十二人，送監求學，卽召衍聖公等面諭之。謂：「旣爲聖賢後，當心聖賢心，非徒讀其書而已。必躬行實踐，事求無愧，方爲不負所學。其務勤思勉勵，克紹心傳。」

三年三月上丁，帝親詣太學行釋菜禮。越六日，臨雍講學，王公大臣，聖賢後裔，以至太學諸生，環集橋門壁水間者以萬數。臨雍命下，旣諏吉，所司設御幄大成門外，其辟雍殿階陳中和韶樂，太學門內陳丹陛大樂、清樂。殿內經書案、講案備具如前。帝釋奠畢，御彝倫堂，易袞服，臨辟雍。太學鳴鐘鼓，升座，樂奏，止有節。贊「齊班」，講官、侍班、糾儀各官就拜位，贊「跪，叩，興」，行二跪六叩禮，興。若衍聖公入覲，先進講，大學士以至諸生分班立，行禮訖，滿、漢講官入，一叩，就坐，講四書，帝闡發書義，宣示臣工，圜橋各官生跪聆畢，興。祭酒講經，帝闡經義如初禮。餘同視學儀。

先是御史曹學閔上言：「宜考古制，建辟雍於國子監。」格部議。至四十九年，新建國學成，明年將臨雍，命大臣規濬圜水，禮樂備舉。特旨獎學閔，並令朝鮮使臣隨班觀禮。禮成，賞賚有差。翼日加賚聖、賢各氏裔及諸生綢帛。

道光三年臨雍，命𢑴生豫聽宣講，諭監官曰：「化民成俗，基於學校，興賢育德，責在師儒。士先器識，漸摩濡染，厥有由來。爾監臣式茲多士，尙其端教術，正典型，毋即於華，毋隣於固。入孝出弟，擇友親師。庶幾成風，紹休聖緒。」

令甲，車駕幸魯，展禮先師，講學闕里，豫選聖、賢裔二人直講，翰林官撰講章。前一日，張大次奎文閣，設御座詩禮堂。前置案，講案列西檐下。屆日，陳講章及副本於案，帝出行宮，衍聖公綵服率五經博士曁各氏跪迎廟門右。帝入，詣大成殿祭孔子，如上丁儀。駕出，御詩禮堂，升座。衍聖公以下官隨至，序立庭中，行三跪九叩禮。訖，進講，直講者一跪三叩，興。講經書訖，俱退。駕謁孔林。翼日，賜衍聖公等帛、金、書籍有差。簡各氏弟子有文行者貢太學，凡登仕版，並進一階。

經筵儀　初沿明制，閣臣例不兼經筵。順治九年，春、秋仲月一舉，始令大學士知經筵事。尙書、左都御史、通政使、大理卿、學士侍班，翰林二人進講。豫設御案、講官案，列講章及進講副本，左書右經，屆時，帝常服御文華殿，記注官立柱西，東面。講官等二跪六叩，興，序立左右，侍班官分立其後。糾儀官立東西隅。鳴贊官贊「進講」，直講官詣案前跪，三叩，興，分就左右案。先後講四書與經，復位。帝宣示清、漢文御論，各官跪聆畢，大學士奏辭感悅。興，降階行二跪六叩禮。畢，帝臨文淵閣，賜坐、賜茶。禮成，還宮。賜宴本仁殿。宴畢，謝恩。

康熙十年舉經筵，命大學士熊賜履爲講官，知經筵事。頃之，聖祖以春、秋兩講爲期闊疏，遂諭日進講弘德殿。二十四年，定制，以大學士、左都御史、侍郎、詹事充經筵講官。二月，文華殿成，舉行典禮。世宗踐阼，居亮陰，未舉。

雍正三年八月吉日，詔言：「帝王御宇，咸資典學。朕承庭訓，時習簡編。味道研經，實敷政寧人之本。茲當釋服，亟宜舉行。」於是進講如儀。

乾隆五年，諭曰：「經筵之設，藉獻箴規。近進講章，辭多頌美，殊失咨儆古意。人君敷政，正賴以古證今，獻可替否。其務剴切敷陳，期裨政學，庶有當稽古典學實義。」

七年，經筵日雨，禮臣依例請改期。諭曰：「魏文侯出獵遇雨，尙不失信虞人。矧茲大典，復經祭告，詎宜改期？執事諸臣，可衣雨服列班，暫罷階下行禮、殿內賜茶諸儀。嗣後遇雨倣此。」

翰林院專司日講，冬、夏至前一日迺輟。十四年，以進呈經史，漸等具文，諭令停止。五十一年，御經筵，賜宴禮臣隨侍者，分東西班，特命歌抑戒詩。嘉慶中，張鵬展疏請翰林科道日進經義、奏議。詔責其迂。文宗登極，曾國藩請復日講舊典，格部議。次年咸豐紀元，正月，遂奉特旨令翰詹諸臣番直，并躬製題目，俾撰講義，分日呈覽。迄光、宣之際，猶依此例云。

策士儀　天聰間，始開科取士。順治初，會試中式舉人集天安門考試。十五年，改試太和殿丹墀，定臨軒策士制。先期一日，丹陛上正中，太和殿內東偏，分設黃案，東西閣檐下備試桌。屆日質明，內閣官朝服捧策題置殿內案上，帝御太和殿，王公百官侍立，鴻臚寺官引貢士詣丹陛下立。大學士取題授禮部官，跪受，置丹陛案上，三叩。舉案降左階，陳御道正中。讀卷官執事官各三跪九叩，諸貢士亦如之。畢，駕還宮。徙試桌丹墀左右，北嚮。禮部官散題，貢士跪受，三叩，就桌。對策訖，受卷、彌封諸官竢左廡檐下，收封盛入卷箱，收掌官送讀卷官校閱，不御殿，王以下官不會集，不陳鹵簿。閱卷三日畢，翼辰，前列十卷簽擬名次，緘封呈御覽。帝御養心殿西暖閣，閱畢，召讀卷官入，親定甲乙授之。出拆彌封，依次繕寫綠頭籤，引十人進乾清門，祗竢西階下。帝御宮，讀卷官捧籤入，跪呈。引班官引十人跪丹陛中，依次奏名籍，興，退。帝親定一甲三人，二甲七人，授籤讀卷官，跪受，興，退，率十人侍立西階下。駕還便殿。十人先出。讀卷官捧卷詣紅本房，塡寫名次畢，交內閣題金榜。

傳臚日，設鹵簿，陳樂懸，王公百官列侍。貢士皆公服，冠三枝九葉頂冠，立班末。帝御太和殿，讀卷等官行禮如初，奉榜授受如奉策題儀。鴻臚寺官引貢士就位，跪聽傳。制曰：「某年月日，策試天下貢士，第一甲賜進士及第，第二甲賜進士出身，第三甲賜同進士出身。」贊「一甲一名某」，令出班前跪。贊二三名亦然。贊「二甲一名某等若干名」，三甲某等若干名」，不出班，同行三跪九叩禮。退立。禮部官舉榜出中路，一甲進士從，諸進士出左右掖門，置榜龍亭，復行三叩禮。校尉舁亭，鼓樂前導，至東長安門外張之，三日後繳內閣。於是順天府備傘蓋、儀從送狀元歸第。越五日，狀元偕諸進士上表謝恩如常儀。乾隆五十四年，殿試改保和殿舉行。自後爲恆例。

頒詔儀　清初詔書用滿、蒙、漢三體文。順治間，定制用滿、漢二體。頒詔日，太和殿前具鹵簿，丹墀內植黃蓋、雲盤，殿東設詔案，丹陛中設黃案。午門外備龍亭、香亭。天安門樓雉口中豫置朶雲金鳳，其東築宣詔臺。王公百官朝服集午門，內閣學士奉詔書至乾清門用寶訖，鋪黃案。帝御殿，王公以下行禮畢，大學士奉詔書詣殿檐下授禮部尚書，尚書跪受訖，陳丹陛案上。行禮畢，置詔書雲盤內，覆黃蓋。禮部官奉盤自中路出太和門，百官從至午門外，置龍亭。至天安門外橋南，奉詔書置高臺黃案上。各官按序北嚮立，宣讀官臺上西嚮立，衆跪聽宣。先宣滿文，次漢文，衆行三跪九叩禮。奉詔官取朵雲承詔書，繫以綵繩，自金鳳口中銜下。禮部官接受，仍置龍亭。出大清門，赴禮部，望闕列香案，尚書率屬行禮。詔書謄黃，刊頒各省。駕不御殿，百官祗竢天安門外橋南，餘儀同。

乾隆間，定制，凡詔書到日，有司備龍亭、旗仗郊迎。朝使降騎，奉詔書置龍亭，南嚮，守土官北嚮行禮。鼓樂前導，朝使騎以從。及公廨，衆官先入序立，龍亭至庭中，朝使東立。俟行禮訖，奉詔書授展讀官。跪受，衆官皆跪。宣讀畢，授詔朝使，復置龍亭，跪叩如初禮。退。長吏謄黃，分頒各屬。詔書所過，凡屬五里內府、州、縣、衞各官，咸出郭門迎送。

進書儀　定制，纂修實錄、聖訓，擇吉進呈。帝御殿受書，王公百官表賀。玉牒、本紀次之。康熙十一年，世祖實錄成，前期一日，太和殿陛東設表案，階下列實錄案。至日具鹵簿，陳樂懸，監修官奉表陳表亭，纂修官奉實錄陳綵亭，王公百官齊集行禮如儀。校尉分舁香亭、綵亭出中道,表亭由左,監修各官從至太和殿丹墀,監修等奉實錄與表分陳案上。帝御殿，鴻臚官奏進實錄，樂作。禮部官舉實錄案自中道升，至殿門外，帝興座，樂止。舉案入，迺坐。設案保和殿正中，監修等立階下齊班，贊「跪」，則皆跪。贊「進表」，宣表官跪宣。畢，樂作，衆官三跪九叩，退立，樂止。衆復跪，宣表官代奏致詞云：「某親王臣某等暨文武羣臣奏言，惟世祖皇帝神功聖德，纂述成書，光華萬世，羣臣歡忭，禮當慶賀。」鴻臚卿宣制答云：「世祖皇帝功德配天，實錄纂成，朕心歡慶，與卿等同之。」宣訖，行禮如初。賜茶，俱一叩。駕還。監修等奉實錄至乾清門，交送大內，退。

雍正中，聖祖實錄與聖訓同進，後以爲常。乾隆間，定實錄、聖訓歸皇史宬，遣監修等奉藏金匱，副本存內閣。嘉慶十二年，更定舉案、奉書，選貝子以下宗室官將事。自仁宗以來，帝仍詣皇史宬拈香，如往制。進玉牒，不上表，不傳制。監修等隨綵亭入中和殿，置案上，展正中四篋。帝立閱，俟進全書覽畢，送皇史宬。十年一纂，或不御殿，則於宮中覽之。凡實錄、聖訓、玉牒，並送盛京尊藏。自乾隆年始進本紀，第諏吉藏皇史宬，方略則進二部，一藏史宬，一交禮部刊發。時憲書成，欽天監官歲以十月朔日進，並頒賜王公百官。午門行頒朔禮，頒到直省，督、撫受朔如常儀。

進表箋儀　凡萬壽節及元日、長至，在京王公百官各進表文，在外將軍、都統、副都統、督、撫、提、鎮各進賀表、箋，彙齊驛遞送部。屆日設表案太和殿左楹。表文列綵亭，舁至午門外，奉陳於案。帝御殿，宣表行禮訖，並表、箋送內閣收儲。皇太后聖壽、皇后千秋，王公暨內外文武表、箋，俱陳午門外。禮訖，亦送內閣。表文初用三體字式，後專用漢文，惟滿洲駐防用清文。先期內閣撰擬定式頒發，臨期恭進。慶賀三大節表式，在京稱「某親王臣某等」，「諸王貝勒文武官等」；在外稱「某官臣某等，誠歡誠忭，稽首頓首上言」，末云：「臣等無任瞻天仰聖，歡忭之至，謹奉表稱賀以聞。」進太皇太后、皇太后同。皇太子箋式，首具官同，末云：「臣等無任歡忭踊躍之至，謹奉箋稱賀以聞。」

初，元旦、冬至，直省文武五品以上各進賀表、箋，萬壽節祇進皇帝表文，並由長官彙進。督、撫不進表、箋，凡遇大典，具本慶賀。尋令各省表、箋通省用總火牌一，專遣齎奉。乾隆時，以布政使、副將不能專達章疏，停附進表、箋例。又定皇后千秋節暨元旦、冬至，永停箋賀。皇太子慶典，京朝官集賀，不具箋，外吏亦免箋賀。

六十年，高宗內禪，稱太上皇帝，具賀表式云：「子臣某率王公大臣等謹奏，某歲元旦，太上皇帝親授大寶，子臣敬承慈命，謹率同王公文武大臣等奉表賀者。」末云：「子臣及諸臣等曷勝欽悅慶忭之至，謹奉表稱賀以聞。」賀皇帝登極表式，惟「頓首」下云：「恭逢皇上受寶禮成，登極紀元，謹奉表慶賀者。」餘如前式。

巡狩儀　皇帝省方觀民，特舉時巡盛典。既諏吉，帝御征衣，乘輿出宮，領侍衞內大臣等率禁旅翊衞扈蹕，諸臣征衣乘騎以次發。鑾輅所經，禁隨駕官弁擾吏民、踐禾稼。辦治糧芻，悉用公帑。將入境，督、撫、提、鎭率屬迎道右，紳耆量遠近跽迎。已駐蹕，疆吏等朝行營門外。翼日，望秩方嶽，祭昔帝王、先師，咸親詣。至名賢祠墓則遣官。官吏入覲，詢風土人情。臨視河防，指授方略。召試獻詞賦者，拔尤授官。閱方鎭兵，藉辨材武。經過州縣，賜復蠲租，存問高年，差給恩賚。

順治八年，定制，駕出巡幸，別造香寶攜行，並鑄扈從各印，加「行在」字。部院章奏，內閣彙齊，三日一送行在。所過禁獻方物。又定乘輿所經，百里內守土官道右迎送。

康熙二十三年，聖祖南巡，定扈從王公大臣及部院員限駕發按次隨行。厥後南巡江浙者五，至泰安躬祀岱嶽，渡河祠河神，詣江寧謁明太祖陵，四幸五臺，一幸西安，大率禁奢尚實，亟勤民事。乾隆間，數奉太后南巡，若河南，若五臺，若山東、天津，翠華所莅，百姓蒙庥。六巡江浙，揆示工要，大建堤堰，雖糜巨萬帑金不恤也。嘉慶時，幸五臺淸涼山，行慶施澤，如康熙故事。

鄉飲酒禮　順治初元，沿明舊制，令京府暨直省府、州、縣，歲以孟春望日、孟冬朔日，舉行學宮。前一日，執事敷坐講堂習禮，以致仕官爲大賓，位西北；齒德兼優爲僎賓，位東北；次爲介，位西南；賓之次爲三賓；位賓、主、介、僎後；府、州、縣官爲主人，位東南。若順天府則府尹爲主人，司正一人主揚觶，教官任之。贊引、讀律各二人，生員任之。屆日執事牽牲具饌，主人率屬詣學，迺速賓。賓至，迓門外，主東賓西，三揖讓迺升，相嚮再拜。賓卽席，延僎、介入，如賓禮。就位，贊「揚觶」，司正升自西階，北嚮立，賓主皆起立。贊「揖」，司正揖，賓、介以下答揖。執事舉冪酌酒於觶授司正，司正揚觶而語曰：「恭惟朝廷，率由舊章，敦崇禮教，舉行鄉飲。非爲飲食，凡我長幼，各相勸勉。爲臣盡忠，爲子盡孝，長幼有序，兄友弟恭，內睦宗族，外和鄉黨。毋或廢墜，以忝所生。」讀畢，贊「飲酒」，司正立飲。贊「揖」，則皆揖。司正復位，賓、介皆坐。贊「讀律令」，生員就案北面立，咸起立旅揖。讀曰：「律令，凡鄉飲酒，序長幼，論賢良，別奸頑。年高德劭者上列，純謹者肩隨。差以齒，悖法偭規者毋俾參席，否以違制論。敢有譁譟失儀，揚觶者糾之。」讀畢復位。贊「供饌」，有司設饌。贊「獻賓」，則授主以爵，主受之，置賓席。少退，再拜，賓答拜。於僎亦如之。皆坐，有司徧酌，贊「飲酒」，酒三五行，湯三品，畢，徹饌。僎、主、僚屬居東，賓、介居西，皆再拜。贊「送賓」，各三揖，出，退。

雍正初元，諭：「鄉飲酒禮所以敬老尊賢，厥制甚古，順天府行禮日，禮部長官監視以爲常。」乾隆八年，以各省鄉飲制不畫一，或頻年闕略不行。舊儀載圖有大賓、介賓、一賓、二賓、三賓，與一僎、二僎、三僎，名號紛歧。按古儀禮：「賓若有遵者，諸公大夫。」注云：「今文讀爲僎，此鄉之人仕至大夫，來助主人樂賓，主人所榮而遵法者。」戴記：「坐僎於西北，以輔主人。」其言主人親速賓及介，拜至獻酬辭讓之節甚繁，無一言及僎，所謂「不干主人正禮」者也。嗣後鄉飲賓、介，有司當料簡耆紳碩德者任之，或鄉居顯宦有來觀禮者，依古禮坐東北，無則寧闕，而不立僎名。五十年，命歲時舉鄉飲毋曠。每行禮，奏御製補笙詩六章。其制，獻賓，賓酢主人後，酒數行。工升，鼓瑟，歌鹿鳴。賓主以下酒三行，司饌供羹，笙磬作，奏南陔，閒歌魚麗，笙由庚。司爵以次酌酒。司饌供羹者三，迺合樂，歌關雎。工告「樂備」，徹饌。賓主咸起立再拜。賓、介出，主人送門外，如初迓儀。初，鄉飲諸費取給公家，自道光末葉，移充軍饟，始改歸地方指辦。餘準故事行。然行之亦僅矣。

清史稿卷九十

志六十五

禮九 軍禮

親征　凱旋　命將出征　奏凱　受降　獻俘受俘　大閱會閱暨京師訓練附

秋獮　日食救護

三曰軍禮。國之大事，在祀與戎。周官制六軍，司九伐，權屬司馬。而大軍旅、大田役，其禮則宗伯掌之。是因治兵、振旅、茇舍、大閱之教，而寓蒐、苗、獮、狩之儀，以爲社、禰、禡、貉之祭。如是，則講武爲有名，而殺獸爲有禮。有清武功燀赫，凡師征、受成、講肄、行圍諸禮節，厥制綦備。爰溯古誼，分錄事要，著之於篇。古者日食救護，太僕贊鼓，亦屬夏官，今亦類附云。

親征　天命三年，太祖頒訓練兵法書，躬統步騎征明，謁堂子，書七恨告天，是親征所由始。

崇德初元，太宗伐朝鮮，前期誓天、告廟，頒行軍律令，分兵爲左右翼。至日，駕出撫近門，陳鹵簿，吹螺奏樂。祇謁堂子，三跪九拜。外建八纛，致祭如初。禮畢啓行。

康熙三十五年，討噶爾丹，躬率六師出中道。前三日，祭告郊、廟、太歲，屆期遣祭道路、礮、火諸神。帝御征衣佩刀，乘騎出宮，內大臣等翊衞。午門鳴鐘鼓，軍士鳴角螺，祭堂子、纛神如儀。導迎樂作，奏祐平章。駕出都門，詣陳兵所，聲礮二。旗軍繼發，王公百官跽送。軍士整伍，以次扈蹕。每舍周視地勢，御營建正中，各營環向，繚以幔城，南設旌門。遠斥堠，嚴刁斗。置巡警二十一所，內大臣等率親軍宿衞。外設網城，東、西、南三門。巡警八所，護軍統領率羽林軍儆循。禁語譁，稽出入。又外布幕爲重營，設四門，重各置十人嚴守。其從征各官，列幕重營外。大軍分翼牧馬，禁越次。駕駐行營，諸軍皆止。從官奏事如常。夜漏初下，嚴更鼓，斷行人，內外禁旅番巡。五漏交，御營鳴鐘，前營角聲起。初嚴，外營蓐食治裝；再嚴，前軍拔營；三嚴，左右軍、後軍發輜重，從征官竢旌門外。辨色，舉礮警蹕。六師所過，守土官迎本境，大吏則出境以迎，外藩王公暨所部紳者跪接，悉同時巡儀。軍行，隨時遣祭風、雨、山、川諸神，軍中堠望。聖祖躬巡，整軍伍，御旌門，簡閱將士，至西巴臺，使者奉敕諭噶爾丹。敵望見大軍，棄甲走，帝率前軍長驅拖諾，分遣將軍進躡，迺還。

噶爾丹未悛，是歲秋，駕巡北邊，聲出塞試鷹，減從。十月，抵白塔，駐南關，蒙古王以下貢獻駱驛。帝賜戰勝兵士食，引近御坐徧賚之。次日，益徹御膳犒軍。踰月，至呼坦和碩，渡河，降者踵至。噶爾丹就撫，迺班師。明年，帝三駕北征，啓行如初禮，至橫城止。令守土大臣臨河迎蹕。時哈密俘噶爾丹子送軍所，額魯特部多納欵者，噶爾丹仰藥死，駕自黃河汎舟還。

凱旋　崇德二年，太宗征服朝鮮。班師日，其君臣出城十里外送駕，三跪九拜如禮。歸則遣大臣二人送之。啓蹕，卽軍前祭纛。守土官道迎，俟駕過，隨軍次承命，遙坐賜酒。將至盛京二十里，會鄭親王等齎奉賀表，遂先除道，張黃幄，竢駕至，伏迎道左。帝入幄坐，王等跪進表，大學士受之。宣讀畢，王等三跪九拜，迺大宴，宴罷啓行。至盛京，禮謁堂子，還宮。

康熙三十五年，聖祖征噶爾丹，破之，還蹕拖諾，捷入，焚香謝天。入行營，大學士等進賀表，王公百官畢賀。留牧蒙古王等迎駕行禮，喀爾喀札薩克等集營東門請瞻覲，皆稽首呼萬歲。賜茶及宴，賚銀物有差。沿途迎獻羅拜者，纚至輻湊。至清河，皇子、王公曁羣臣跪迎郊外五里，八旗軍校、近畿士民亦焚香懸綵，扶攜俛伏。命前驅毋警蹕，環集至數百萬人，歡聲雷動。帝謁堂子如儀。

明年，朔漠平，班師亦如之。還宮後，遣祭郊、社、宗廟，徧羣神，謁陵寢，御殿受賀。直省官咸進表文，頒詔如制。帝自勒銘鑱石，並建碑太學云。

命將出征　崇德初元，太宗命睿王多爾袞等出師征明，躬自臨送，祭堂子、纛神，如親征儀。遂至演武場，諭誡將士。順治元年，命英王阿濟格爲靖遠大將軍，征流寇，賜敕印。其儀，午門外具鹵簿，陛上張黃幄，設御座。陳敕印箒東案，王公百官會集。帝升座，大將軍率出征官詣拜位跪，內院大臣奉宣滿、蒙、漢三體敕書，授大將軍敕印，畢，啓行。

十三年，定出師前一日，午門前例頒衣馬弓刀，並傳集出征各官，面授方略。賜筵宴。行日，咸戎服竢午門外，頒敕印如初禮。

康熙十三年，命將分出湖廣、四川。禮畢，駕出長安右門送行。出征王率各官行至陳兵所，禮部設祖帳，光祿寺備茶酒，內大臣等奉引謝恩。首途，如故。或帝不親送，則令親王、內大臣往。噶爾丹之役，先自歸化驛召費揚古爲撫遠大將軍，至日賞讌，聖祖御太和門，大臣隅坐，其出征運糧大臣分坐金水橋北左右。作樂陳百戲，命大將軍進御前，親賜巵酒。跪受叩飲訖，都統、副都統繼進，則令侍衞授酒。參領以下十人一列，跪飲階上而已。復命大臣等徧視衆軍飲讌畢，賜與讌者御用蟒幣，餘賜幣，兵賜布。同謝恩出，大學士始以敕印授大將軍。

雍正七年，定命將前一日告廟。行日告奉先殿，並遣官。若先出師疆場，卽軍前命爲大將軍者，則命正、副使齎敕印往。大將軍率屬竢教場，廳事設黃案，陳敕印。大將軍跪，宣敕文正使授敕，宣印文副使授印，大將軍以次祗受，轉授左右從官，行三跪九叩禮。禮成，奉入大營。

乾隆十四年，定命將儀三：一曰授敕印，經略大將軍出師，皇帝臨軒頒給。二曰祓社，凡出師前期，告奉先殿，禮堂子，祭纛。三曰祖道，經略啓行，皇帝親餞賜酒，命大臣送郊外，具祖帳暨讌，儀並詳前。徂征儀二：一曰整旅，經略前隊列御賜軍械，次令箭，次敕印，次標旗，大隊軍旅殿。令箭、標旗數皆十二。二曰守土官相見，經略過境，將軍、督、撫蟒服出郭迎候，文自司道、武自總兵以下，跽道右及廳事。經略正坐，將軍、督、撫側坐，文司道、武提督以下，行庭參禮。啓行候送如前儀。若頒敕印不御殿，卽除鹵簿、樂懸，百官無職事者不會集。

三十四年，命大學士傅恆經略雲南軍務，高宗不升殿，不禮堂子，不祭纛，不親送。內閣學士奉敕印至太和殿，經略等先竢陛階，大學士二人立殿外。屆時經略升陛，印官從大學士入奉敕印出，經略跪受。禮畢，奉敕印官前，經略後，及階下，置敕印綵亭內，前張黃蓋，列御仗，從征侍衞前引，餘俱後隨，至經略第止。敕印陳廳案上。屆日肅隊行。

奏凱　天聰初元，朝鮮奏捷，班師。車駕出城，頓武靖營野次。設行幄御營一里外，率諸貝勒踰行幄數武，立馬以待凱旋。既至，遂依次排列，立纛、拜天，入覲，帝出位迎之。諸貝勒行跪拜禮，賜筵宴。崇德元年，征明凱旋，太宗率羣臣出城十里迎勞，王、貝勒等依次成列，建纛鳴螺，帝率同拜天，三跪九叩。畢，升座。王、貝勒進獻捷表，大學士接受，奉御前讀訖，跪叩如儀。頒旨行抱見禮。於是王、貝勒進御前一跪三叩，賜坐、設宴同。順治二年，南京平，豫王班師還。世祖赴南苑迎勞，樹十餘大纛，如初禮。十三年，定制出征王大臣凱旋，遣王公一人偕大臣郊勞。

康熙元年，定凱旋次日，帝御殿。禮成，免將軍等行禮，筵宴免桌席，止宰牲。

二十一年，大將軍貝子章泰等自雲南奏凱，駕至盧溝橋迎勞駐蹕，有司治具，翼日駕蒞至，齊衆拜天，以爲故事。乾隆十四年，定奏凱功成，祭告天地、廟社、陵寢，釋奠先師，勒碑太學，命儒臣輯平定方略垂奕禩。經略大將軍師旋，將入城，遣廷臣郊勞，帝臨軒，經略率有功諸臣謝恩，繳印敕，儀同受敕。宴禮既畢，兵部覈敍勳績，頒爵賞有差。

厥後定邊將軍兆惠等、定西將軍阿桂等奏凱，高宗均駐蹕黃新莊行宮，築臺郊勞，百官咸會。設黃幄正中，南嚮，兩翼青幕各八，東西嚮。臺在幄南，其上建左右纛，中設帝拜褥。東西下馬紅柱各一。帝御龍袞詣臺，鳴螺，奏鐃歌樂。將軍暨從征大臣、將士皆擐甲胄，跪紅柱外竢駕。帝就拜位立，將軍暨羣臣班分東西，鴻臚官贊「跪」，則皆跪。贊「叩，興」。帝拜天，三跪九叩，將軍等如之。畢，帝御幄升座，王公百官立東班幕下。禮成，帝出幄乘騎，凱歌作，奏皇威章，駕還行宮。餘依康熙間故事。

咸豐五年，科爾沁親王僧格林沁平高唐亂。還朝日，文宗御養心殿，行抱見禮，慰勞備至。先是出師頒參贊大臣關防，賜訥庫尼素光刀，至是同時獻納。

受降　崇德二年春，朝鮮王服罪請降。迺築壇漢江東岸，設黃幄，駕出營，樂作。濟江登壇，鹵簿具。朝鮮王率陪臣步行來朝，遣官出迎一里外。引入，帝率同拜天，升座。國王等伏地請罪，贊「行三跪九拜禮」。賜坐，位列親王上，諸子列貝勒下。錫筵宴，還其俘，並賜王以下貂服。

六年，蒙古貝勒等投誠，朝見已，命較射，選力士角觝，賜宴俾盡歡，殊典也。所貢方物悉卻之。

乾隆十四年，議制凡軍前受降，飛章入告。報可。迺大書露布示中外，築壇大營左，南嚮。壇南百步外樹表，建大旗，書「奉詔納降」字。降者立其下，經略大將軍戎服出，鼓吹聲礮，參贊大臣等騎從。將至壇，降者北面匍伏，經略登壇正坐。參贊僉坐，諸將旁立，餘皆肅班行。降者膝行詣壇下，俛首乞命，經略宣上德意，量加賞賚。營門鼓吹殷然，降者泥首謝，興，退。

獻俘受俘　清初太祖、太宗以武功征服邊陲，俘虜甚衆，其時獻受猶無定制也。雍正二年，討平青海，俘至京，始定諏吉先獻廟、社。俘白組繫頸，行及太廟街門外北嚮立，承祭官朝服至，俘伏，儀同時饗。至社稷街亦如之。承祭官入壇致祭，儀同春、秋祈報。監俘者以俘出。翼日，帝御午門樓受俘，正中設御座，檐下張黃蓋，鹵簿陳闕門南北，仗馬次之。輦輅陳金水橋南，馴象次之。王公百官咸集，解俘將校立金鼓外，俘後隨。班位既序，帝御龍袞，乘輿出宮，至太和門，大樂鐃吹，金鼓振作。登樓升座，贊「進俘」，丹陛大樂作，奏慶平章。鴻臚寺官引將校入，北面立，贊「行禮」，俘入匍伏。兵部官跪奏，平定某地所獲俘囚，謹獻闕下，請旨。制曰：「所獻俘交刑部。」刑部長官跪領旨訖，械繫出。丹陛大樂作，王公百官行禮如常儀。若恩赦不誅，則宣旨釋縛，俘叩首，將校引出。是日賜將校宴兵部，次日賜冠履銀幣有差。凡平定疆宇，受俘儀並同。

乾隆時，版圖日廓。二十年，剿平準噶爾，獲達瓦齊暨青海羅卜藏丹津，先後檻入。一歲中兩行斯典。越五年，底定回疆，討平攢拉促浸，皆遞舉盛儀。先後六歲，凱歌四奏，時論稱極盛云。

大閱　天聰七年，太宗率貝勒等督厲衆軍，練習行陣，是爲大閱之始。

順治十三年，定三歲一舉，著爲令。尋幸南苑，命內大臣等擐甲冑，閱騎射，並演圍獵示羣臣。

康熙十二年，閱兵南苑，聖祖擐甲，登晾鷹臺，御黃幄，內大臣、都統等各束部曲，王、貝勒等各率旗屬，並自西而東。既成列，槍鳴號發，自東結陣馳以西，按翼分植。閱畢，命樹侯臺上，親發五矢，皆中的，復騎而射，一發卽中。釋甲賜宴，迺還。厥後行閱，或盧溝橋，或玉泉山，或多倫諾爾，地無一定，時亦不以三年限也。

三十四年，復幸南苑行閱，分八旗爲三隊，帝率皇子擐甲，內大臣等扈從，後建龍纛三，上三旗侍衞隨行。徧閱驍騎、護軍、前鋒、火器諸營。立馬軍前，角螺鳴，伐鼓，行陣舁鹿角進。甲士麾紅旗，槍礮齊發。鳴金止，再伐鼓，發槍礮如初。如是者九。初進率五丈，再進亦如之。至十進，槍礮環發無間。開鹿角成八門，首隊出，二隊、三隊從。既成列，門闔，角鳴，呼譟進。兩翼隊皆雁綴進，鳴金收軍。立本陣，結隊徐旋，首隊殿。罷閱，還行宮，申敕明賞罰。未閱前，賜軍士食，既閱，賜酒。

雍正七年，世宗幸南苑，閱車騎營兵，諭曰：「此第訓練一端耳，遇敵決勝，在相機度勢，神而明之，存乎其人，豈區區陣伍間遂足以制敵耶？」是日操演，各依方位、旗色爲陣式。後北征，屢以車戰勝。

乾隆二年，大閱，幸南苑，御帳殿。軍隊既齊，步軍整列進。以十丈爲率，餘儀同。令甲，大閱日，行宮外陳鹵簿，駕出，作鐃歌大樂，奏壯軍容章。及還，作淸樂，奏罻皇威章。凡操時鳴礮三，駕出及還同。卽日賜各旗饌筵、羊豕、薪炭。迄嘉慶間，皆如故事行。

會閱爲康熙三十年創典，時喀爾喀新附，聖祖思訓以法度，特命會閱上都七溪，迺集其部衆，並四十九旗藩王、台吉，豫屯百里外。駕出都，上三旗兵從，下五旗兵自獨石來會。布營設哨，三旗護軍爲一營，居中。八旗前鋒爲二營，五旗護軍爲十營，火器營兵爲四營，環御營而屯。前鋒爲四哨，護軍爲二十四哨，各設廬帳，繞營而居。蒙古、喀爾喀諸屯徙近五十里，禁入哨。釐賞九等，序坐七列。網城設宸幄，正中御牀，左右行帳各二，儀仗、樂懸具。依次置宴。蒙古王等居左，喀爾喀居右，順序習舞，衆技畢陳。迺命喀爾喀汗、濟農、諾顏等進御前，賜巵酒，餘令侍衞分送。禮成。翼日各營就列，陳巨礮，帝擐甲，閱畢宣敕，去其汗號，以王、貝勒、貝子、公名爵分錫之。台吉分四等，比四十九旗，依等賜賚，恩禮有加，餘如儀。

京營訓練，歲以春、秋季月合操四次，春貫甲，秋常服，營陣規制如大閱。仲春、孟秋則按旗登城習鳴螺。兵部遣官稽閱，歲爲常制。護軍驍騎營一歲三校騎射，前鋒護軍營三歲一較騎射，內大臣、本旗都統等臨視之。至直省講武，則以督、撫、提、鎮爲閫帥，歲季秋霜降日，校閱演武場。先期立軍幕，屆日黎明，將士擐甲列陣，中建大纛，閫帥率將士行禮。軍門鼓吹，節鉞前導，徧閱行陣，還登將臺。升帳，中軍上行陣圖式，請令合操。遂麾旗，聲礮三、鳴角、擊鼓。軍中聞鼓聲前進，鳴金則止。行陣發槍如京營制。閱畢，試材官將士騎射，申明賞罰，犒勞軍士。

漕河訓練同八旗。水師操防，出洋信候，各省不同。歲春、秋季月或夏季，遇潮平風正，則乘戰艦列陣，張颿馭風，鳴角聲礮，具如軍律。綠營水師同。

秋獮　清自太祖奮跡東陲，率臣下講武校獵習兵，太宗踵行之。世祖統一區夏，數幸南苑，令禁旅行圍，始立大狩扈從例。

康熙初元，定車駕行圍駐所置護軍統領、營總各一人，率將校先往度地勢，武備院設行營，建帳殿。繚以黃髹木城，立旌門，覆以黃幕。其外爲網城，宿衞屯置，不越其所。十年，罷木城，改黃幔。康熙二十年，幸塞外，獵南山。尋出山海關，次烏拉，皆御弓矢校獵。越二年六月，幸古北口外行圍，木蘭蒐獵始此。

木蘭在承德府北四百里，屬翁牛特。先是藩王進獻爲蒐獵所，週千三百餘里，林木葱鬱，水草茂茂，群獸聚以孳畜焉。至是舉行秋獮典，間有冬令再出者。三十三年，設虎槍營，分隸上三旗，置總統、總領。大狩行田，遇有猛獸，列槍以從。並命各省駐防兵歲番獵以爲常。六十一年，復幸塞外行圍，賞蒙古王公等衣物，定爲恆制。

雍正八年，令八旗人習步圍，旗各行圍二三次。

乾隆初元，置綜理行營王公大臣一人，凡啓行、校獵、駐蹕、守衞諸事皆屬之。六年，御史叢洞奏請暫停行圍。諭曰：「古者蒐苗獮狩，因田獵講武事。皇祖行圍，既裨戎伍，復舉政綱。至按歷蒙藩，曲加恩意，尤爲懷遠宏略。且時方用兵，數有徵發，行圍偶輟，旋卽興舉。況今承平日久，人習宴安，弓馬漸不如舊，豈可不加振厲？是秋木蘭行圍，所過州縣，寬免額賦十之三，永爲例。」圍場凡六十餘所，每歲大獮，或十八九圍，或二十圍，踰年一易。設圍所在，必豫戒期，首某所，巡某所，訖某所收圍，並編定其處。屆日官兵赴場布列，祗竢御蹕臨圍。自放圍處作重圍，令虎槍營士卒及諸部射生手專射自圍內逸出諸獸。

高宗每行獵，自舊藩四十九旗暨喀爾喀、青海諸部分班從圍，綏輯備至。洎平西域，遠藩如左右哈薩克，東西布魯特，安集延，布哈爾，朝謁踵集，唯恐後時。土爾扈特亦皆挈部衆越數萬里來庭。帝嘗御布固圖昌阿撫慰之，旋賜名曰「伊縣」，國語會極歸極也。

二十年，更定網城植連帳百七十五，設旌門三，分樹軍纛曰金龍。去網城連帳外十許丈爲外城，植連帳二百五十四，設旌門四，分樹軍纛曰飛虎。去外連帳六十丈，周圍警蹕，立帳房四十，各建旗幟，八旗護軍專司之。其規制詳密如此。

凡秋獮，先期各駐防長官選材官赴京肄習。年例，蒙藩選千二百五十人爲虞卒，謂之「圍牆」，以供合圍役。

屆期，帝戎服乘騎出宮，扈引如巡幸儀。既駐行營，禁兵士踐禾稼、擾吏民，訶止夜行，違者論如律。統圍大臣涖場所，按旗整隊，中建黃纛爲中軍，兩翼斜行建紅、白二纛爲表，兩翼末國語曰烏圖哩，各建藍纛爲表，皆受中軍節度。管圍大臣以王公大臣領之，蒙古王、公、台吉爲副。兩烏圖哩則各以巴圖魯侍衞三人率領馳行，蟬聯環帀，自遠而近。蓋圍制有二，馳入山林，圍而不合曰行圍，國語曰阿達密。合圍者，則於五鼓前，管圍大臣率從獵各士旅往視山川大小遠近，紆道出場外，或三五十里，或七八十里，齊至看城，是爲合圍，國語曰烏圖哩阿察密。看城者，卽黃幔城也。圍既合，烏圖哩處虞卒脫帽以鞭擎之，高聲傳呼「瑪爾噶」，蒙語謂帽也。聲傳遞至中軍，凡三次，中軍知圍合，迺擁纛徐行。

日出前，帝自行營乘騎先至看城少憩，竢藍纛至，駕出，御櫜鞬，入中軍周覽圍內形勢。凡疾徐進止，口敕指麾。獸突圍，發矢殪之。御前大臣、侍衞皆射其逸圍外者，從官追射。或遇猛獸，虎槍官兵從之。或值場內獸過多，則開一面使逸，仍禁圍外諸人逐射。獲獸已，比其類以獻。駕還行宮，謂之散圍。頒所獲於扈從者，大獮禮成，宴賚有差。

哨鹿者，凡鹿始鳴，恆在白露後，效其聲呼之，可引至。厥制與常日不同。侍衞等分隊爲三，約出營十餘里，竢旨停第三隊。又四五里，停第二隊。又二三里，將至哨鹿所，則停第一隊。時扈從諸臣止十餘騎而已。帝命鎗獲鹿，群引領竢旨，而三隊以次至御前。高宗蒐獮木蘭時，親御名駿，命侍衞等導入深山中。望見鹿群，命一侍衞擧假鹿頭作呦呦聲，引牝鹿至，亟發矢殪之，取其血以飲。不唯益壯，亦以習勞也。嘉慶時秋獮倣此。

日食救護　順治元年，定制，遇日食，京朝文武百官俱赴禮部救護。康熙十四年，改由欽天監推算時刻分秒，禮部會同驗準，行知各省官司。

其儀，凡遇日食，八旗滿、蒙、漢軍都統、副都統率屬在所部警備，行救護禮。順天府則飭役赴部潔淨堂署，內外設香案，露臺上鑪檠具，後布百官拜席。鑾儀衞官陳金鼓儀門兩旁，樂部署史奉鼓俟臺下，俱嚮日。欽天監官報日初虧，鳴贊贊「齊班」。百官素服，分五列，每班以禮部長官一人領之。贊「進」，贊「跪，叩，興」。樂作，俱三跪九叩，興。班首詣案前三上香，復位。贊「跪」，則皆跪。贊「伐鼓」，署史奉鼓進，跪左旁，班首擊鼓三聲，金鼓齊鳴，更番上香，祗跪候復圓。鼓止，百官易吉服，行禮如初。畢，俱退。是日禮部祠祭司官、欽天監博士各二人，赴觀象臺測驗。嚮日設香案，初虧復圓，行禮如儀。

若月食，則在中軍都督府救護，尋改太常寺，如救日儀。直省遇日、月食，各按欽天監推定時刻分秒，隨地救護。省會行之督、撫署，府、廳、州、縣行之各公署，並以教職糾儀，學弟子員贊引，陰陽官報時。至領班行禮，則以督撫及正官一人主之。上香、伐鼓、祗跪，與京師救護同。

清史稿卷九十一

志六十六

禮十 賓禮

藩國通禮　山海諸國朝貢禮　敕封藩服禮　外國公使覲見禮

內外王公相見禮　京官相見禮　直省官相見禮　士庶相見禮

四曰賓禮。清初藩服有二類，分隸理藩院、主客司。隸院者，蒙古喀爾喀，西藏、青海、廓爾喀是也；隸司者，曰朝鮮，曰越南，曰南掌，曰緬甸，曰蘇祿，曰荷蘭，曰暹羅，曰琉球。親疏略判，於禮同爲屬也。西洋諸國，始亦屬於藩部，逮咸、同以降，歐風亞雨，咄咄逼人，覲聘往來，締結齊等，而於禮則又爲敵。夫詩歌「有客」，傳載「交鄰」，無論屬國、與國，要之，來者皆賓也。我爲主人，凡所以將事，皆賓禮也。茲編分著其儀節，而王公百官相見禮與士庶相見禮，亦附識焉。

藩國通禮　清初，蒙古北部喀爾喀三汗同時納貢。朔漠蕩平，懷柔漸遠。北踰瀚海，西絕羌荒。青海厄魯特，西藏準噶爾，悉隸版圖。荷蘭亦受朝敕稱王，名列藩服。厥後至者彌衆，迺令各守疆圉，修職貢，設理藩院統之。

崇德間，定制，外藩諸部貝勒等有大勳績，封和碩親王，或多羅郡王，次多羅貝勒，遣使持信約往封。既入境，貝勒出迎五里外，跽竢制册過，騎以從。抵府，設香案正中，使臣奉册其上，退立左旁，貝勒一叩三跪。畢，興，復跪，使臣授册。宣讀官宣畢，置原案，三叩，興。受册如初禮。貝勒與使臣對行六叩禮。使臣坐左，貝勒坐右。事訖，躬送如前。凡有詔敕、賞賚至亦如之。

內外札薩克會盟，三年一舉。使臣齎制往，迎送禮同。自王以降，歲時朝貢者，分年番代，列班末行禮。坐次視內親王、貝勒、貝子、公降一等，宴賚有差。

康熙五十九年，定朝覲年例。蒙古二十四部爲兩班，喀爾喀札薩克等爲四班。雍正四年，帝念四十九旗王公台吉遠至勤勞，詔改三班，二歲一朝。咸豐八年，以蒙古汗王等遠道輸將，諭令停止年班。御前行走者，番上如故。

其貢獻儀文，按季各旗遣一人來將事，年時貢馬匹羊酒，交理藩院轉納禮部。朝貢賞賚諸典，柔遠淸吏司掌之。

山海諸國朝貢禮　凡諸國以時修貢，遣陪臣來朝，延納燕賜，典之禮部。將入境，所在長吏給郵符，遴文武官數人伴送。有司供館餼，遣兵護之。按途更代，以達京畿。既至，延入賓館，以時稽其人衆，均其飲食。翼日，具表文、方物，暨從官各服其服，詣部竢階下。儀制司官設表案堂中，質明，會同四譯館卿率貢使至禮部，侍郎一人出立案左，儀制司官二人分立左右楹。館卿先升，立左楹西。通事、序班各二人，引貢使等升階跪。正使舉表，館卿祗受，以授侍郎，陳案上，復位。使臣等行三跪九叩禮，興。退，館卿率之出。禮部官送表內閣竢命，貢物納所司。

如値大朝常朝，序班引貢使等列西班末，聽贊行禮如儀。非朝期則禮部先奏，若召見，館卿豫戒習儀。屆日帝御殿，禮部尙書引貢使入，通事隨行，至丹墀西行禮畢，升自西階，通事復從之。及殿門外跪，帝慰問，尙書承傳，通事轉諭，貢使對辭，通事譯言，尙書代奏。畢，迺退。如示優異，則丹墀行禮畢，卽引入殿右門，立右翼大臣末，通事立少後。賜坐、賜茶，均隨大臣跪叩，飮畢，慰問傳答如初。出朝所，賜尙方飮食，退。翼日赴午門外謝恩。

禮部疏請頒賜國王並燕賚貢使，既得旨，所司陳賜物午門道左，館卿率貢使等東面立，侍郎西面立，有司咸序。貢使詣西墀三跪九叩，主客司官頒賜物授貢使，貢使跪受。以次頒賜貢使暨從官從人，咸跪受。贊「興，叩」如儀。退，賜宴禮部。

貢使將歸國，光祿寺備牲酒果蔬，侍郎就賓館筵燕，伴送供𠋫如前。所經省會皆饗之，司道一人主其事，館餼日給，概從周渥焉。

順治初，定制，諸國朝貢，齎表及方物，限船三艘，艘百人，貢役二十人。十三年，俄國察罕汗遣使入貢，以不諳朝儀，却其貢，遣之歸。明年復表貢，途經三載，表文仍不合體制。世祖以外邦從化，宜予涵容，量加恩賞，諭令毋入覲。

康熙三十二年，俄復遣使義茲柏阿朗迭義迭來朝，帝始召見，賜坐賜食。五十九年，葡萄牙使臣斐拉理入覲，帝御九經三事殿。使者入殿左門，升左陛，進表御座則膝行。帝受表，使者興，出，凡出入皆三跪九叩。賜坐賜茶，謝恩如儀。

初，琉球、安南、暹羅諸使來，議政大臣咸會集，賜坐及茶。乾隆初元，諭停止。時屬國陪臣增擴，敕所司給皇清職貢圖，以詔方來。四十七年正月，紫光閣錫燕，朝鮮、琉球、南掌陪臣與焉。燕罷，賜珍物。五十年，舉千叟宴，特命朝鮮賀正陪臣齒踰六十者充正、副使，預宴賦詩。越五年，安南國王阮光平來京祝壽，定行禮班序，列親王、郡王間，其陪臣仍附班末。五十八年，英吉利入貢，使臣瑪戛爾等覲見，自陳不習拜跪，及至御前，而跽伏自若。

嘉慶初元，再舉千叟宴，朝鮮、安南、暹羅、廓爾喀額爾德尼王吉爾巴納足塔畢噶爾瑪薩九叩，「跪奉大皇帝前：竊小臣聞湖南教匪滋事，致天威震怒，遣兵剿除。今已平定，聞之忻慰。小臣受恩深重，虔修土產微物，表文，叩賀天喜。小臣屬蒙天恩，視如子民，唯有一心歸順，和睦隣封。小臣陽布離京遠，年尙幼，伏懇當作奴輩，曲施教導，需恩不淺」云云。其貢物計十二事，語質意恭如此。

二十一年，英復遣使來貢，執事者告以須行拜跪禮，司當冬等遂稱疾不入覲，帝怒，諭遣歸國，罷筵宴賜物。嗣是英使不復來庭。

道光九年，回疆敉定，上太后徽號，緬甸國王遣使進金葉表，創舉也。

故事，琉球間歲一貢，至十九年，詔改四年爲期。時國王尙育咨達閩撫吳文鎔，謂琉球瀕海，地患多風，朝貢以時，風雨和順，歲則大熟。貢船出入閩疆，歲頒時憲書，獲以因時趨事。地不產藥，賴船載回應用。至航海鍼法，非隨時練習不爲功。若改四年，則恐豐歉不齊，人時莫授，藥品旣缺，鍼盤益疏，請復舊制便。報可。並令陪臣子弟得隨貢使入監讀書。

光緒三十四年，廓爾喀入貢，賞正使噶箕二品服，副使四品服，其將事時，服色卽各從其品，亦前此所未有者。

凡貢期，朝鮮歲至，琉球間歲一至，安南六歲再至，暹羅三歲，荷蘭、蘇祿五歲，南掌十歲，均各一至，餘道遠貢無常期。凡貢物，各將其土實，非土產者勿進。朝鮮、安南、琉球、緬甸、蘇祿、南掌皆有常物，餘唯其所獻。

敕封藩服禮　清自太宗征服朝鮮，鑱石三田渡。厥後安南、琉球諸國，先後請封，皆遣使往。其他回首內嚮者，航海匪夐，梯山忘阻，則璽書褒奬，授來使齎還而已。

崇德間，定制，凡外邦効順，俱頒册錫爵。進奏書牘，署大清紀年。若朝貢諸國無子嗣位，則遣陪臣請朝命，禮部奏遣正、副使各一人持節往封，特賜一品麒麟服以重其行。行日，工部給旗仗，兵部給乘傳。封使詣禮部，儀制司官一人奉節，一人奉詔敕，授本部長官，以授正、副使，跪受。興，出易征衣乘傳往。將入境，其國邊吏備館傳夫馬。緣途所經，有司跪接。

及國，嗣封王遣陪臣郊迎，三跪九叩，勞使者一跪三叩。延入館，陳詔節龍亭內，行禮如儀。謁使者三叩，不答。諏日，王率陪臣詣館，禮畢，王先歸。龍亭舁行，仗樂前導，封使後隨。入門陳正中，使者及階下馬，正使奉節，副使奉詔敕，入殿陳案上，退立東旁。王率衆官北面立，三跪九叩，興，詣封位前跪。副使奉詔書付宣讀官，宣訖，王行禮如初，出族門外。使者出，跪送。有間，適館勞之。使者還朝，迺修表文，具方物，遣陪臣詣闕謝恩。

如諭祭兼册封，先於其祖廟將事，諭祭文陳案上，使者左右立。世子跪叩如前，退立神位左，迺宣讀，衆俛伏。宣畢，興。送燎行禮，使者退。次行册封禮，儀與前同。

至以詔敕授使齎還，則禮部設案午門，位正中，尙書立案左。儀制司官從館卿率來使入，授詔敕，序班引詣案前跪，授受如制。退詣丹墀西，三跪九叩，禮成，歸授國王。謝恩同。

外國公使覲見禮　康熙初，外洋始入貢，中朝款接，稍異藩服。南懷仁官欽天監，贈工部侍郎，凡內廷召見，並許侍立，不行拜跪禮。雍正間，羅馬敎皇遣使來京，世宗許行西禮，且與握手。乾隆季葉，英使馬格里入覲，禮臣與議儀式，彼以覲見英王爲言，特旨允用西禮。筵宴日，且親賜卮酒。商約既締，將命頻繁。咸、同間，外國使臣嘗求入覲，時以禮制乖異，力拒之。同治時，英、法使臣固請再四，我猶繩以華制，莫之應。彼且曰，宜亟修好，阻其入覲，是靳以客禮也。

十二年，穆宗親政，泰西使臣環請瞻覲，呈國書，先自言用西禮，折腰者三，廷臣力言其不便。直隸總督李鴻章建議，略言：「先朝召見西使時，各國未立和約，各使未駐京師，國勢雖强，不逮今日，猶得律以陛殿受表常儀。然嘉慶中，英使來朝，已不行三跪九叩禮。厥後成約，儼然均敵，未便以屬禮相繩。拒而不見，似於情未洽。糾以跪拜，又似所見不廣。第取其敬有餘，當恕其禮不足。惟宜議立規條，俾相遵守。各使之來，許一見，毋再見，許一時同見，毋單班求見，當可杜其覬覦。且禮與時變通，我朝待屬國有定制，待與國無定禮。近今商約，實數千年變局，國家無此禮例，往聖亦未豫定禮經，是在酌時勢權宜以樹之準。」時總理各國事務恭親王以拜跪儀節往復申辨，而各使堅執如初。勢難終拂其意，迺爲奏請，明諭允行。

其年夏，日本使臣副島種臣、俄使臣倭良嘎哩、美使臣鏤斐迪、英使臣威妥瑪、法使臣熱福理、和蘭使臣費果蓀瞻覲紫光閣，呈國書，依商訂例行事。接見時，帝坐立唯意，賜茗酒，恩自上出。使臣訊安否，謹致賀辭。未垂問，毋先言事。西例臣見君鞠躬三，今改五鞠躬。使臣初至始覲見，餘則否。嗣後親奉國書者仿此。其禮式先期繪圖試習，覲見某處所，某月日時，並候旨行。其大略也。

光緒十六年，駐英使臣薛福成奏陳：「各使覲見，須定明例。凡使臣初至一國，其君莫不延見慰勞，使臣謁畢，鞠躬退，語不及公。此通例也。頃聞駐京公使，以未蒙晝接，不無私議。昔年英使威妥瑪藉詞不令入覲，致烟臺條款多要挾，嶄虛文而受實損，非計之得。今宜循同治十二年成案，援據以行。若論禮節，可於召見先敕下所司，中禮西禮，假以便宜。如是，彼雖行西禮，仍於體制無損。」云云。自是遂爲定例。

二十七年，聯軍平拳匪，各國挾求更改禮節。謂各使臣會同覲見，必在太和殿。一國使臣單行覲見者，必在乾清宮。呈遞國書，必遣乘輿往迓，至宮殿前降輿，禮成送歸。齎奏國書，必自中門入，帝必躬親接受。設宴乾清宮，帝必躬親入座。嗣復允會同覲見改在乾清宮，而轎用黄色。於是慶親王奕劻等以天澤堂廉之辨，不能每事曲從。遂與各使磋商，歷時數月，始將乘坐黄轎、太和殿覲見暨宮殿階前降輿三事酌議改易，而爭議始息。

各國親王覲見儀，始光緒二十四年。德國親王亨利入覲，帝幸頤和園，御仁壽殿，亨利公服入，遞國書，帝慰勞之。既，亨利欲覲皇太后，帝奉懿旨代見。是日巳刻，御玉瀾堂，亨利偕德使海靖等入，外部司官引殿東便門外入布幄少憩。駕至，扈從如儀，鳴鞭三，升座。慶親王等侍左右，外部長官率亨利等自中門入，北嚮一鞠躬，行數武又一鞠躬，至龍柱前又一鞠躬。然後奉國書進，慶親王降左階接受，陳玉案，亨利等又一鞠躬，帝頷首答之，操國語慰勞。慶親王跪案左聆玉音，降階，操漢語傳宣。德繙譯官譯畢，亨利等又一鞠躬，帝仍頷首答之。亨利等退數武又一鞠躬，退至堂左，又一鞠躬。禮成。

內外王公相見禮　崇德初元，定宗室外藩親王、郡王、貝勒、貝子相見儀。賓及門，王府屬官入告，主人降階迎，賓辭，主人升。賓從自中門入，賓趨左，主人趨右。行相見禮，二跪六叩，卽席序立。從官升東階，行禮亦如之。興，入右門，坐賓後。執事獻茶，賓受茶，叩，主人答叩。飲茶敍語畢，從官趨前楹，跪，叩，興，趨出。賓離席跪叩，主人答叩，並興。賓出，主人降階送，屬官送門外。

若外藩郡王見，則主人迎送殿外，不降階。相見，賓二跪六叩，主人答半。賓辭退，跪叩，主人答跪不叩。餘如親王儀。

外藩貝勒見，主人離坐迎，不出殿，賓北面跪叩如初，主人立受。卽席正坐，賓侍坐。辭退跪叩，主人立受不送。餘如郡王儀。

外藩貝子、公見，府屬官引賓入殿，跪叩同。辭退仍跪叩，主人皆坐受。餘如貝勒儀。

外藩親王見郡王，主人迎送大門內，餘與親王相見同。郡王見郡王亦如之。其外藩貝勒見郡王，如郡王見親王禮。以下賓主相見，降殺遞差。

外藩親王見貝勒，主人迎送門外。賓入，主人從，相見各一跪三叩。外藩郡王曁貝勒見貝勒同。

外藩貝子、公見貝勒，賓一跪三叩，主人跪拱手受。
外藩王、貝勒見貝子，賓主一跪一叩坐，此其異者也。

京官相見禮　順治元年，定制，京朝官敵體相見，賓及門，主人迎大門內，揖賓入，及階，讓升，賓西主東。及廳事，讓入，皆北面再拜。興，主人爲賓正坐西面，賓辭，主人固請，卒正坐。賓還正主人坐東面亦如之。賓就坐，受茶，揖，主人答揖。飲茶敍語畢，告辭相揖。賓降階，主人送及門，復相揖。賓辭，主人固請，送賓大門外，視賓升輿馬，迺退。

尙書、左都御史見大學士同。賓降一品者，主人趨正賓坐，辭亦如之。餘儀同。

二品以下京堂官翰詹科道見大學士，主人迎儀門內，送大門外，不視升輿馬。

科道見左都御史、副都御史、尙書儀同。

五品至八品官見大學士，主人迎堂階下，賓就東階，主人導入。賓北面拜，辭，迺三揖，主人東面答揖。賓趨正主人坐，辭，固請，卒正坐相揖。賓西面，主人東北面坐。賓啓事畢，辭退，三揖如初。主人送二門外。

翰詹科道見二三品官，如賓降一等禮。見四五品官，如同官禮。

閣部寺監屬官見其長官，初見，公服詣署，升自東階，具履行陳坐案，依次向坐三揖，長官避席答揖。退。若燕見，如五品官見大學士儀。

國學生見國子師儀，初見，具名柬，公服詣學，自東階升堂，北面三揖，師立受。侍立左旁，西面受教，畢，三揖退。若燕見，通名，竢召迺入。師迎階上，弟子升，揖。師入門，從之，北面再拜，師西面答揖。趨正師坐，師命坐，北面揖。師位東北面，弟子西面。茶至，揖，請問，揖。辭退，北面三揖，師皆答。出送，師前行，弟子後隨，及二門外，弟子三揖，竢師入始退。

翰林院庶吉士見大學士，與見教習庶吉士同。

凡京朝官途遇迴避，爵秩均等，分道行，次讓道行，次勒馬竢其過，又次下馬，唯欽使卽遇應迴避者，分道行可也。又武職民公、侯、伯以下，男以上，文職大學士以下，九卿以上，得用引馬一騎，途遇並下馬迴避云。

直省文武官相見禮　順治間，定督、撫、學政、河漕總督，鹽政，巡視御史相見，坐次平行，餘各按品秩行禮。

雍正八年，定直省官相見，位均等者，賓至署，吏入白，啓門，自中門入，至外堂檐下降輿馬。主人迎檐前，揖賓入。及廳事，各再拜。其正坐、就位、進茶、辭退，如京朝官儀。

屬官見長官，轎門外降輿馬，自左門入。初見具名柬，呈履行，文官司道見督撫，迎堂後屏內。及廳事，庭參則扶免，三揖，皆答揖。督撫正坐，司道旁坐。命坐，揖。茶至，揖。均答如儀。辭出，三揖如初。送至屏門外，司道三揖。竢督撫入，復三揖，趨出。督撫次日用名柬答拜。若公事謁見，常服通銜名，三揖就坐。餘同前。

府、廳、州、縣見，庭參拜則免，府、廳揖，答揖。州、縣揖，立受。俱不送，不答拜。佐貳等官見，一跪三叩，不揖、不坐。府、廳、州、縣見司道，與司道見督撫同。佐貳等官見司道，與見督撫同。

同知、通判見知府，柬題晚生，入自中門，用賓主禮。州、縣教職見督撫，儀如佐貳見司道，不迎送。見知府，迎送屏門外。見府倅，迎送堂檐下。餘同。見州、縣，如同、通見知府儀。

司、道、府、廳見學政，入中門，禮如賓主，迎送並出堂檐。學政品秩崇者，如見督撫儀。州、縣見，庭參旁坐，主人答揖不答拜。

運使見督撫、鹽院，與司道同。運、判以次遞降。

武官副將以下見提督，初見具銜名、履行，披執則傳免，易公服佩刀。都司、守備不免，跪宣名，席地坐，不進茶。餘儀按品遞降，與文職同。

順治十三年，定直省文武官相見禮，提督見總督，入中門，至儀門下馬，升堂三揖。總督正坐，提督僉坐，迎送不出堂檐。若提督兼世職者，總督西面，提督東面。辭出，送至堂檐下，視乘馬。總兵見，儀門外下馬，坐則侍坐，迎、送止階上。與巡撫見，視賓主禮唯均，以下按品差降。至滿、漢官相見，將軍、副都統與督、撫、提、鎮以敵體見。司道以下見將軍如總督，見副都統如總兵，協領、參領見督撫同司道，佐領、防禦同知府，驍騎校同州、縣。不相統屬者，一以賓主禮行之。其儒學弟子員見學師，與國子生見國學師同。

士庶相見禮　賓及門，從者通名，主人出迎大門外，揖入。及門、及階揖如初。登堂，各北面再拜。興，主賓互正坐。卽席，賓東主西。飲茶，語畢，賓退，揖。及階、及門，揖，辭，主人皆答揖。送大門外，揖如初。卑幼見尊長禮，及門通名，竢外次，尊長召入見，升階，北面再拜，尊長西面答揖。命坐，視尊長坐次侍坐。茶至，揖，語畢，稟辭，三揖。凡揖皆答，出不送。若尊長來見，卑幼迎送大門外。餘如前儀。見父執友，與見尊長儀同。

受業弟子見師長禮，初見，師未出，先入，設席正位，竢堂下。師出召見，迺奉贄入，奠贄於席，北面再拜，師立答揖。興，謹問起居。命坐迺侍坐。有問，起而對。辭出，三揖，不送。常見侍坐，請業則起，請益則起。師有教，立聽。命坐迺坐。師問更對，仍起而對。朝入暮出均一揖。與同學弟子，以齒序之。

清史稿卷九十二

志六十七

禮十一 凶禮一

皇帝喪儀　皇后喪儀　貴妃等喪儀

五曰凶禮。三年之喪，自天子以至於庶人，無貴賤一也。有清孝治光昭，上自帝后喪儀，下逮士庶喪制，稱情立文，詳載會典與通禮。茲依次類編，累朝損益，皎然若鑒焉。

皇帝喪儀　天命十年，太祖崩。遠近臣民，號慟如喪考妣。越五日，奉龍轝出宮，安梓宮瀋陽城中西北隅。國制，除夕、元旦備陳樂舞，至是悉罷。時東邦甫建，制闕未詳。

崇德八年，太宗崩。男自親王訖牛彔章京、朝鮮世子，女自公主訖奉國將軍妻，集清寧宮前，詣几筵焚香，跪奠酒三，起立，舉哀。固山額眞、昂邦章京、承政以下官及命婦集大清門外，序立舉哀。次日，奉梓宮崇政殿，王公百官朝夕哭臨三日。其齋所，王、貝勒、貝子、公歸第，部、院官宿署，閒散諸臣赴篤恭殿，固山額眞等官及命婦，翌日暮還家。

世祖登極，年甫六齡，會天大寒，侍臣進貂裘，卻弗御。帝曰：「若黃裏，朕自衣之。唯紅，故不服耳。」是日不設鹵簿，不作樂。王大臣等謂已卽位，冠宜綴纓，於是軍民皆綴纓。服官者暫停婚嫁宴會，民間不禁。迺頒哀詔朝鮮、蒙古，制曰：「我皇考盛德弘業，侯服愛戴。本年某月日，龍馭上賓，中外臣民，罔弗哀悼。屬在藩服，咸使聞知。祭葬禮儀，悉從儉樸。仍遵古制，以日易月，二十七日釋服。」詔到，國王以下舉行喪禮如故，時猶在關外也。

順治十八年，世祖崩，聖祖截髮辮成服，王、公、百官、公主、福晉以下，宗女、佐領、三等侍衞、命婦以上，男摘冠纓截髮，女去粧飾翦髮。旣大斂，奉梓宮乾清宮，設几筵，朝、晡、日中三設奠，帝親詣尙食祭酒，三拜，立，舉哀。王、公、大臣、公主、福晉、縣君、宗室公夫人詣几筵前，副都統以上序立乾清門外，漢文官赴景運門外，武職赴隆宗門外，咸縞素，朝夕哭臨，凡三日。外藩陪臣給白布制服。至四日，王公百官齋宿凡二十七日。過此則日哭臨一次，軍民服除。音樂、嫁娶，官停百日，軍民一月。百日內票本用藍筆，文移藍印。禁屠宰四十九日。京城自大喪日始，寺、觀各聲鐘三萬杵。越日頒遺詔天安門，羣臣素服，三跪九拜。宣畢，舉哀。禮部謄黃，頒行各省。聽選官、監生、吏典、僧道，咸素服赴順天府署，朝夕哭臨三日。詔至各省，長官帥屬素服出郊跪迎，入公廨行禮，聽宣舉哀，同服二十七日除，命婦亦如之。軍民男女十三日除。餘俱如京師。

殷奠，列饌筵二十一，酒尊十一，羊九，楮幣九萬。讀文。帝詣几筵哭，內外傳哭，奠酒，率衆三拜，舉哀，焚燎。設啓奠如殷奠儀。屆日奉梓宮登大昇轝，三祭酒，並祭所過門、橋。帝號泣從，羣臣依次隨行。將至景山，內外集序，竢靈駕至，跪舉哀。奉安壽皇殿訖，設几筵，帝三祭酒，每祭一拜，哀慟無已。皇太后再三撫慰，始還宮。明日行初祭，帝釋服。又明日行繹祭，周月行月奠，自是百日內月奠，期年內月奠，儀並視殷奠，唯所陳品幣有差。期年滿月致祭，不讀文。

上尊謚廟號，祇告郊廟社稷。屆日殯宮外陳鹵簿，作樂，大學士奉册寶陳案上，三叩，退。帝素服御太和門，閱訖，一跪三拜，退立東旁。大學士詣案前，復三叩，奉册、寶列綵亭內，如初禮。校尉舁行，御仗前導，車駕從。王公百官先集協和門外，跪迎，隨行壽皇殿大門外。册寶亭入，至檐前，帝入自左門，禮部長官先奉絹册寶陳中案，退。大學士詣亭前三叩，奉香册寶陳左案。帝就位，率衆三跪九拜，大學士從左案奉册跪進，帝獻册，授右旁大學士，跪受，陳中案上。進寶亦如之。迺宣册，宣册官奉絹册宣訖，三叩，退。宣寶儀同。帝率衆行禮如初。復詣几筵前致祭，奠帛，讀文，三獻爵，如儀。焚絹册寶，禮成。翌日頒詔如制。百日內外集序，讀文、哭奠如初祭。

是日題神主，大學士一人進觀德殿，詣祔廟神主前上香，奉主至壽皇殿外陳案上，並三叩。滿、漢大學士各一人，詣香案前復三叩。填青訖，行禮如初。奉主登黃轝，至觀德殿前止。大學士進殿，詣祔奉先殿神主前三叩，奉主登安轝，隨黃轝後，出景山東門，入東華門，帝素服跪迎景運門內，從至乾清門，轝止。帝詣兩神主前各三叩，先後陳案上，三獻，九拜，禮成。諏吉升祔，詳吉禮。

大祭如初祭儀。畢，帝升殿，延見羣臣。清明、中元、冬至、歲除，並以時致奠。

既卜葬吉，將奉移山陵，前三日，遣告天地、宗社。前一日，設祖奠，儀如啓奠。先是王大臣援引古禮，止駕遠送，不許。至是奉太后懿旨，不獲已，勉遵慈命。屆日內外齊集，帝詣梓宮奠酒，盡禮盡哀。輔臣率執事官奉梓宮登轝啓行，鹵簿前導，册寶後隨，帝攀號。竢過，步至東安門外泣奠，羣臣從之。所過門、橋皆致祭。途中宿次，朝夕奠獻，親王行禮，羣臣舉哀。百里內守土官素服跪迎道右。至陵，奠獻如在途。

大葬前期，遣輔臣及三品以上官詣陵陳祭。先三日，祗告如常告儀。屆日輔臣詣梓宮告遷，三奠酒，奉梓宮登轝，羣臣序立，跪舉哀。竢轝過，哭從。至地宮，王大臣奉梓宮入，册寶陳左右，掩石門。輔臣率衆三奠酒，舉哀，鹵簿儀仗焚。饗殿成，奉安世祖神位，致祭如時饗。屆二十七月，詣太廟祫祭，如歲暮祫祭禮。

康熙六十一年，聖祖崩，大斂，命王公大臣入乾清門瞻仰梓宮，並命皇子、皇孫行禮丹墀上，公主、福晉等咸集几筵殿前，帝及諸皇子成服。以東廡爲倚廬，頒遺詔，諭禮臣增訂儀節。屆時帝立乾清宮外，西嚮，大學士奉遺詔自中道出，帝跪，竢過，還苫次。大學士出乾清門，禮部尚書三拜跪受，餘如故時遺詔。

二十七日釋服，帝曰：「持服乃人子之道，二十七日服制，斷難遵從。」羣臣以萬幾至重，請遵遺詔除服。不允。復疏云：「從來天子之孝，與士庶不同。孝經曰，天子以德教加於百姓，施於四海爲孝。書稱高宗諒陰，晉杜預謂釋服後心喪之文。蓋人君主宗廟社稷，祭爲吉禮，必除服後舉行。若二十七日不除，祀典未免有闕。」復叩首固請，始俞允。既釋服，仍移御養心殿，齋居素服三年。靈駕奉安壽皇殿，日三尙食。退觀德殿席地坐，有事此進奏。晡奠畢，始還倚廬。

羣臣議進尊謚，帝親剌指血圈用「聖祖」字。禮臣進儀注未愜意，更定。前期並祗告奉先殿，至日閱册、寶訖，帝行一跪三拜禮，東次西嚮立，竢册寶亭行始還宮，豫至殯殿倚廬恭竢。會朝鮮貢祭品，設几筵前。羣臣咸集，鴻臚寺官引來使入，立儀仗南，北嚮，三跪九拜。

遣官讀文，三祭酒，每祭一拜，衆及來使咸舉哀行禮。來使復行二跪六拜禮，焚燎，退。外藩敖漢王請謁梓宮，報可。自是蒙藩使者皆得入謁以爲常。

雍正初元，將奉移景陵饗殿，廷臣援宋、明二代禮，謂嗣皇帝不親送梓宮，帝不允。禮臣議奉安地宮後，題太廟神主，令親王敬奉還京。帝曰：「明季帝王不親送梓宮，故令王大臣代行。朕既親往，自宜親奉以還焉。」先奉移二日，並遣告后土、昌瑞山神。屆日，帝詣梓宮祭酒，率衆三拜，舉哀畢，趨立大門東旁。梓宮出，跪，舉哀。登大昇轝，帝跪左。禮臣祭轝，三叩。靈駕發，帝步隨。至景山東門，詣宿次。至景陵，帝跪迎紅門外，舉哀。徒步從，抵三洞橋，跪詣。降大昇轝登小轝，安奉饗殿，設几筵，列册、寶。三祭酒，三拜，禮成。帝不忍別，羣臣以皇太后爲言。無已，翌日還蹕。王大臣請御門聽政，帝以梓宮未永安，命暫緩。固請之，始行。

既卜葬，屆日晨帝詣景陵奠獻，躃踊哀慟，祭酒三拜，趨陵寢門外跪哭以詣。龍輴入地宮，復祭酒三拜，出詣幄次。題主、虞祭如常儀，歸奉主升祔太廟。二十七月將屆滿，允吏部尚書朱軾請，祫祭太廟，頒示臣民。

世宗崩，喪禮悉依景陵故事。越日朝奠，特簡王、貝子、公數人入內瞻仰，餘集乾清宮廊下行禮。嗣後王公大臣、額駙暨台吉初至者，均得請旨瞻仰。又命宗室三十人、覺羅二十人番上奠獻中哀慕。

頒遺詔，大學士奉至乾清宮檐下，帝親受之，陳案上，三拜。大學士詣黃案前亦三拜。詔出中門，帝跪迎，竢過，始還苫次。詔至直省，軍民男女改素服二十七日。梓宮奉移雍和宮，帝徒步隨行，羣臣諫阻不獲，遂留居是宮。至二十七日後始還。月內日叩謁，月外間日一次，二月外三日一次。

時帝欲行三年之喪，廷臣請以日易月，不許。命詳稽典禮。尋議上：「一，祭祀，按禮記王制『喪三年不祭，唯祭天地社稷，越紼行事』。註謂『不敢以卑廢尊』。是知三年內本應親行。明呂坤謂祖宗不輕於父母，奉祭不緩於居喪，何可久廢？誠以天親一理，宗廟之祭，亦當並舉。謹議：凡遇郊廟、社稷、奉先殿大祀，皇帝躬詣行禮，或遣官恭代，皆作樂。先期齋戒，素服，冠綴纓緯，視祝版，御禮服。朝日，夕月，饗帝王、先師、先農，遣官行禮，咸禮服作樂。屆日冠服如齋期。宮內祭神，百日後舉行。經筵、耕耤，釋服後舉行。一，朝會，典禮攸關，元旦朝正，萬國瞻仰，朝儀最重。謹議：二十七月內，遇元旦朝賀，吉服升太和殿，不宣表，不作樂，常朝亦然。一，御門聽政，典制至鉅。昔宋仁宗行三年喪，臨朝改服。孝宗時，二十七日後，百官請聽政，援書被冕服出應門語固請，乃許。稽之史册，自古爲然。謹議：常事及引見俱在便殿，百日後乃御門。一，冠服，按諒陰之制，先儒謂古無可攷。史載魏孝文帝、唐德宗釋服後仍素服練巾聽政，宋仁宗雖用以日易月制，改服臨朝，宮中實行三年之喪。蓋縞素不可以臨朝。前代行三年喪者，亦唯宮中素服而已。謹議：百日內服縞素，百日外易素服，詣几筵仍服縞素，御門蒞官聽政或詣皇太后宮俱素服，冠綴纓緯。升殿受朝則易吉。祭祀及一切典禮俱禮服。二十七月服滿，如百日禮，致祭釋服。一，宮中服制，帝后齊體，服制不容有異。二十七日後后素服，遇典禮易禮服，詣几筵仍縞素。妃嬪亦如之。皇子與諸王同。一，在京王公百官，二十七日除服。遇典禮及朝會、坐班吉服，在署治事、入朝奏事俱素服，冠綴纓緯。詣几筵去冠纓。各署進本章用硃印。」制可。

乾隆元年正旦，以御極初元，御太和殿常朝，次年仍罷，著爲例。將移泰陵，帝詣梓宮行禮畢，皇太后亦三祭酒，餘如故。向例清明、中元、歲暮、國忌皆朝服行禮畢，素服舉哀，唯冬至不更素服。帝以梓宮未葬，且在服內，允禮臣請。承祭執事各官不綴冠纓，仍用素服。

嘉慶四年，居高宗喪，如泰陵故事，唯遺詔到直省，文武官率紳耆摘纓素服出郊跪迎，入公署行禮。聽宣畢，舉哀，始成服，哭臨三日。官吏軍民自大事日始，百日不薙髮。大葬，帝躬引梓宮御龍輴入地宮。復以朝正大禮元年已行，二十七月內不再舉。

仁宗崩熱河，越六日，梓宮至京，始大斂，奉安淡泊敬誠殿。又四日，頒遺詔，禮官奉安龍亭，驛送入都。舊制，自太后以下二十七日後俱素服，孝和睿皇后改服縞素，百日後始易。喪將至，羣臣出郊哭迎，帝先返，至安定門、東華門，並祇竢哭迎。步隨入大內，奉安乾清宮。允禮臣議，喪服已屆二十七日，改大祭後除服。又几筵前奠獻，陳法駕鹵簿，百官會集暨各署用藍印，俱大祭後停罷。

宣宗崩，梓宮奉移圓明園，安正大光明殿。會衍聖公至京，遇二周月致祭，命赴園隨行禮。

文宗崩熱河，依宣宗故事，梓宮移東陵。穆宗年尚幼，羣臣援康熙二年例，止帝遠送。同治二年釋服，奉兩宮皇太后懿旨，諸慶典及筵宴，竢山陵事畢再行。穆宗、德宗崩，並循斯例。

自世宗親營泰陵吉壤，工需動用內帑，並諭毋建石像，惜人力。宣宗葬慕陵，規制簡約。至同治時，侍郎宋晉言定陵工程宜法慕陵，雖廷臣囿於成憲，而制度毋稍踰侈，時稱其儉。宣統初，爲德宗營崇陵，頒帑數百萬，親貴主其事，移以營私第，致踰三年未成。遜國後，當道撥款營治，及葬，工甫半，故較舊制爲略云。

皇后喪儀　太祖癸卯年九月，皇后葉赫納喇氏崩。越三載，葬尼雅滿山。天聰三年，與太祖合葬福陵，制甚簡也。入關後，凡遇列后大事，特簡大臣典喪儀，會禮臣詳議。順治六年四月，太宗皇后博爾濟吉特氏崩，梓宮奉安宮中，正殿設几筵，建丹旐門外右旁。首親王訖騎都尉，公主、福晉、命婦咸集。世祖率衆成服，初祭、大祭、繹祭、月祭、百日等祭，與大喪禮同。七年，上尊諡曰孝端文皇后，葬昭陵。

聖祖母慈和皇太后佟佳氏，康熙二年二月崩。初違豫，帝時年十一，朝夕侍。及大漸，廢餐輟寐。至是截髮成服，躃踊哀號，水漿不入，近侍感泣。日尚三食，王公大臣二次番哭。停嫁娶，輟音樂，軍民摘冠纓，命婦去裝飾，二十七日。餘凡七日。四日後，入直官摘冠纓，服縞素。五日頒詔，文武官素服泣迎，入公署三跪九拜，聽宣舉哀，行禮如初。朝夕哭臨三日，服白布，軍民男女素服如京師。上尊諡曰孝康章皇后。梓宮移壖上，帝祭酒行禮攀號，太皇太后、皇太后念帝沖齡，止親送。與世祖合葬孝陵，升祔太廟。

十二年五月，皇后赫舍里氏崩，輟朝五日，服縞素，日三奠，內外會集服布素，朝夕哭臨三日。移北沙河鞏華城殯宮，帝親送。自初喪至百日，亦躬親致祭。時用兵三藩，慮直省舉哀制服易惑觀聽，免治喪，餘如故。册諡仁孝。三周後，致祭如陵寢。後葬昌瑞山。世宗登極，諡曰孝誠仁皇后。

十七年二月，皇后鈕祜祿氏崩，喪葬視仁孝后，册諡孝昭。世宗加諡曰仁。

二十六年，世祖母博爾濟吉特氏崩。先是太皇太后違豫，帝躬侍，步禱南郊，願減算益慈壽。親製祝文，詞義懇篤。太常宣讀，涕泗交頤。既遭大喪，悲號無間。居廬席地，毁瘠過甚，至昏暈嘔血。自是日始，內外咸集，日三哭臨，四日後日二哭臨。官民齋宿凡二十七日。寺、觀各聲鐘三萬杵。文移藍印，題本硃印，詔旨藍批答。值除夕、元旦，羣臣請帝暫還宮，不許。唯令元旦輟哭一日。禮臣議上尊謚曰孝莊文皇后。帝以升遐未久，遽易徽號爲尊謚，心實不忍。諭俟奉安寢園，稱謚以祭。及梓宮啓攢夕，攀慕不勝，左右固請升輦，堅不就駕，斷去車靷，慟哭步送。遇舁校番上，輒長跽伏泣，直至殯宮，顏悴足疲，悽感衢陌。又傳旨還宮日仍居乾淸門外幕次。並定志服三年喪，不忍以日易月。羣臣交章數請除服，國子生五百餘人咸以節哀順禮爲請，帝骨立長號，勉釋衰絰，而有觸輒痛，閱三年不改。

初太皇太后病篤時，諭帝曰：「太宗梓宮奉安已久，卑不動尊，未便合葬。若別營塋域，不免勞費。我心戀汝父子，不忍遠去，必安厝遵化爲宜。」帝遂相孝陵南建饗殿，奉安梓宮，稱暫安奉殿，設官奉祀如孝陵制。至世宗改建地宮，號昭西陵，始大葬。

聖祖仁皇后佟佳氏，二十八年七月崩，時由妃立后第二日也。帝輟朝親臨，製四詩悼之，謚曰孝懿，喪儀如孝昭。

世祖皇后博爾濟吉特氏，五十六年十二月崩。先是疾大漸，禮臣請如孝康后喪禮。帝言：「孝康升遐，朕甫十歲，輔臣治喪，禮恐未備。後見仁孝后喪儀，條理頗晰，如遇大事，其悉議以行。」及崩，會帝病足，舁近几筵，就榻成服。哭而暈，有間蘇。羣臣環跽叩勸，迺勉舁側殿。將移殯宮，設啓奠，禮臣請遣皇子代。帝曰：「此初祭，朕必親奠，寧壽宮中豈能復行此禮耶？」至日遣代奠爵，仍舁几筵旁榻上行禮。梓宮啓行，舁榻哭送，出寧壽宮西門，仰望不見靈駕，迺止哀，還苫次。大祭，足疾少瘉，卽親詣殯宮行禮。諡曰孝惠章皇后，葬孝東陵。

雍正元年，世宗母仁壽皇太后烏雅氏崩，喪禮如孝惠，諡曰孝恭仁皇后，與聖祖合葬景陵。時帝遭聖祖喪，齋居養心殿。服竟，仍終太后喪。輔臣援聖祖喪禮請服闋行祫祭，帝曰：「父母之喪，人子之心則一，帝后之禮，國家之制逈殊。今屆皇妣釋服期，諏日祭告奉先殿，無頒諭中外爲也。」

九年九月，世宗皇后那拉氏崩，帝服縞素十三日除，奉移田邨，三周年後，殯宮時奠與沙河殯宮禮同，唯承祭各官改補服。高宗立，上尊諡曰孝敬憲皇后。乾隆二年，與世宗合葬泰陵。

十三年三月，帝奉皇太后東巡，皇后富察氏從，還至德州崩，親製悼亡篇。喪將至，王公大臣詣通州蘆殿會集，皇子祭酒，舉哀行禮。旣至，羣臣素服跪迎朝陽門，公主近支王福晉集儲秀宮，諸王福晉及命婦集東華門外，咸喪服跪迎梓宮，奉安長壽宮。帝親臨成服，輟朝六日。

中宮之喪，自孝誠仁皇后後，直省治喪儀制久未舉行。至是王大臣言：「周禮爲王后服衰，註謂諸臣皆齊衰，是內外臣工無異也。明會典載后喪儀，十三布政使司暨直隸、禮部請敕差官訃告。外省官吏軍民，服制與京師同。今大行皇后崩逝，正四海同哀之日，應令外省文武官持服如制。」從之。冊謚孝賢。

五月，廷臣奏言：「后雖儷體，禮統所尊，升殿視朝，事關典制。孝賢皇后喪儀，應遵祖制，百日後皇帝升殿，文武百官及外藩使臣朝服行禮如常儀。帝兩月除沐禮，御門聽政，羣臣朝服不掛珠，禮畢仍素服。百日後如御門，羣臣常服掛珠，庶協禮制分義。」帝曰：「孝賢皇后喪儀，朕皆斟酌古今，不參私意。攷明嘉靖七年孝潔陳皇后之喪，張璁援引古禮，謂『喪服自期以下諸侯絕，特爲旁期言。若妻喪本三年報服，殺爲期年，固未嘗絕。上宜爲后服期喪』云云。今據議奏，如升殿作樂，凡大朝祀典，自當如例。唯常日視朝，但鳴鐘鼓，樂懸而不作。至明年正月，將屆期年，一切典禮如常儀。」

時沂州營都司姜興漢、錦州知府金文醇國恤期內薙髮，所司以聞，下部逮治。並申明祖制，禁百日內薙髮，違者處斬。諭載入會典。

三十一年，皇后那拉氏薨，時帝幸熱河，留京王大臣以聞。詔言：「后自册立以來，尙無失德。去年侍太后南巡，性忽改常，未盡孝道，理應廢黜。今仍存其名號，喪儀依貴妃例，內務府大臣承辦。」

仁宗母魏佳氏，四十年正月在貴妃位崩，詔稱令懿皇貴妃，命皇八子、十二子、十五子、皇孫緜德等穿孝，葬勝水峪。嗣立仁宗爲皇太子，遂贈諡孝儀皇后，升祔奉先殿，後復上廟諡爲純皇后，迺升祔太廟。

高宗母崇慶皇太后鈕祜祿氏，四十二年正月崩，帝衰服百日，如世宗喪，餘仍素服。親擬尊諡曰孝聖憲皇后。禮臣上喪儀，援雍正九年例，二十七日內遇郊廟大事，素服致祭，樂設不作。帝曰：「郊廟典重，不應因大喪而稍略。」復下軍機大臣議。旋議上：「遇郊廟大祀，遣官致祭，仍作樂，朝服行禮，常祀素服致祭，樂設不作。」制可。頒遺詔，自到省會日始，停嫁娶，王公百官百日，軍民一月。輟音樂，王公百官一年，軍民百日。餘如故。

先是歷代喪禮，百日後服色禮制，未載會典，至是命軍機大臣會典喪儀王大臣詳議。議上御殿視朝儀注。得旨：「元正朝會，二十七月內不必舉行。其常日視朝，百日後行之。」又議定御用服色：「一，百日內縞素。百日釋服後，二十七月內素服。詣几筵，冠摘纓。

一，百日內遇祭郊、社、日壇，遣官將事。齋戒日，素服冠綴纓。百日外，親詣行禮。又齋期，常服不掛珠。閱祝版，先期宿壇，常服掛珠。祭日朝服作樂，還宮樂設不作。一，百日外祭事御龍袍褂。百日內祭奉先殿冠綴纓、青袍褂，百日外珠頂冠、藍袍、金龍褂。一，二十七月內祭月壇、帝王、先師、先農，俱遣官行禮。一，宮中祀大神，百日後親詣行禮，龍袍、藍褂、掛珠。一，二十七日外，遇元旦，前後七日貂褂掛珠，百日外，御門聽政，常服不掛珠。一，二十七日外百日內，召見及引見俱在便殿，服縞素。遇萬壽節，七日常服。一，閱視大行皇太后册、寶，素服冠綴纓，先期齋戒帶牌。一，閱視玉牒，朝服。一，十二月封寶，正月開寶，御龍褂。一，文武傳臚不升殿。一，經筵、耕耤，二十七月後舉行。一，山陵禮制，二十七月內謁陵，青袍褂，冠摘纓，其往返在途，冠並綴纓。一，內廷主位，二十七日釋縞素後，二十七月內常服。遇元旦萬壽，俱七日吉服。百日內遇親蠶，遣王福晉恭代。朝服，百日外二十七月內，依舊行禮，吉服。其文武百官，二十七日縞素，百日內素服，冠綴纓，夏用雨纓冠，詣几筵仍摘纓。一，百日內祭郊廟、社稷、日壇，遣官恭代。先期省牲、視牲咸素服。祭日，承祭、執事各官咸朝服。作樂。百日外二十七月內，親詣行禮。齋戒日常服掛珠，閱祝版、省視牲、宿壇並補褂。冬貂褂掛珠。祭日，朝服作樂。一，百日外祭堂子，俱蟒袍、補褂、掛珠。百日內祭奉先殿，青袍褂，冠綴纓。百日外補褂、掛珠。一，百日外祭月壇、帝王、先師、先農，遣官行禮，皆素服齋戒。祭日，朝服，作樂。百日內素服行禮，樂設不作。一，二十七月內遇元旦謁堂子，百官皆蟒袍、補褂、掛珠。其前後三日及萬壽前後七日皆常服掛珠。一，二十七日外百日內引見官，青袍褂。百日外青褂。一，百日外二十七月內，遇升殿、常朝、坐班俱朝服。遇朔、望常服掛珠。一，奉移山陵，隨從官在途青袍褂、冠摘纓。禮成後，神主還京，並百日後隨從謁陵，在途俱青袍褂，冠綴纓。謁陵日如之。還京時，仍短襟袍、馬褂。一，百日內雨衣、雨冠均青色。百日外雨冠按品級，雨衣仍青色。皇子以下同。」制可。

四月，葬泰東陵，梓宮巡泰陵，命暫停道旁，帝代向陵寢行禮，著爲令。

至陵翼日行饗奠禮。初，帝以會典舊稱「遣奠」，稱名未當，命儒臣稽所自昉。大學士言：「遣奠之稱，禮經並無明文，唯見諸孔穎達士喪禮疏，唐以後相沿用之。蓋穎達第用儀禮葬日將行苞牲體之車名爲遣車，遂取遣字爲奠名，牽合無當。復攷儀禮，將行之祭，『徹巾苞牲。』鄭康成註：『象既饗而歸賓俎也。』又禮記雜記：『大饗既饗，卷三牲之俎歸於賓館，所以爲哀也。』鄭註：『既饗歸賓俎，言孝子哀親之去也。』是將行之祭，本用饗禮，舊稱遣奠，似不若作饗奠爲長。」敕下部更正從之。

四十四年四月，帝詣陵釋服。諭曰：「朕昔遭皇考大故，思持服三年，因遵聖母慈諭，斷以百日。然縞素雖釋，其服仍存。嗣值聖母大喪，百日後卽不存，非厚前薄後也。蓋彼時年力正壯，可終三年喪制。今春秋望七，設存之而弗克盡禮，於心轉不安也。」

仁宗皇后喜塔臘氏，嘉慶二年二月崩，奉太上皇敕旨，喪儀如皇后。改爲輟朝五日，素服七日。奠醊時，皇子等成服如制。官民俱素服七日，不摘纓，不蓄髮。尋諭輟朝期內，仍進章疏，毋廢引見諸事。其奏事官暨引見官，俱常服不掛珠。凡停嫁娶、輟音樂，官二十七日，軍民七日，餘如儀。册謚孝淑，嗣葬太平峪。

十三年正月，宣宗皇后鈕祜祿氏崩，時在福晉位，暫安王佐村園寢，二十五年帝卽位，追封孝穆皇后。擬改園寢爲陵寢，禮部言：「園寢規制未備，忌辰大祭，朔、望小祭，請如孝淑后殯宮例舉行。」制可。遂命大學士戴均元等勘定寶華峪，嗣以地宮滲水，道光十一年，改葬龍泉峪。

越二年，宣宗皇后佟佳氏崩，帝輟朝九日，素服十三日，册謚孝慎。又越二年，卜葬，與孝穆后同吉壤。

二十年正月，皇后鈕祜祿氏崩，帝服靑袍褂十三日除，臨奠仍素服。謚孝全。亦葬龍泉峪。

二十九年十二月，仁宗皇后鈕祜祿氏崩，謚曰孝和睿皇后。時帝年七十，二十七日釋縞素，數日而崩。咸豐三年，葬昌西陵。

方孝和后崩次日，文宗后薩克達氏崩福晉位，內府治喪，殯田邨。次年正月帝卽位，追封孝德皇后，其喪儀先期豫改，如大喪禮。同治四年，與文宗合葬定陵。

康慈皇貴太妃，宣宗皇貴妃也。咸豐五年七月，尊爲皇太后。俄崩，帝持服百日如制。加謚孝靜，升祔奉先殿，改慕陵妃園爲慕東陵。同治初元，加廟謚曰成，升祔太廟。

光緒元年二月，嘉順皇后蒙古阿魯特氏崩，去穆宗喪未百日，帝釋縞素後，率羣臣服喪二十七日，儀如故事。謚曰孝哲毅皇后。五年，與穆宗合葬惠陵。

慈安皇太后，鈕祜祿氏，文宗后也。七年三月崩，謚曰孝貞顯皇后，葬定東陵。

三十四年十月，慈禧太皇太后後德宗一日崩，詔禮部從優具議。尋議百日內上諭用藍筆，章疏十五日後具奏。王、公、百官、公主、福晉、命婦二十七日內日三哭臨。官停嫁娶期年，輟音樂二十七月，京師軍民二十七日罷祭祀，餘如大喪禮。謚曰孝欽顯皇后，葬定東陵。

貴妃等喪儀　順治初，定制，妃、殯之喪，內務府掌行，臨時請旨。

康熙四年，壽康太妃博爾濟吉特氏薨，帝輟朝三日，大內及宗室咸素服。王、公、大臣、公主、福晉、命婦畢集。初祭，陳楮幣十四萬，畫緞萬，饌筵三十有一，牛一，羊十八，酒九尊，讀文致祭。次日繹，陳楮幣萬，饌筵五，羊三，酒三尊。大祭同初祭。奉移豫祭，陳楮幣二萬，饌筵十三，羊五，酒五尊。歲時致祭如例。

九年，慧妃博爾濟吉特氏薨，輟朝三日，大內、宗室咸素服。三日不祀神。妃宮中女子翦髮，內監截髮辮，成服，二十七日除。又定金棺至殯宮，初祭陳楮幣十四萬，畫緞千，帛九千，饌筵二十一，羊十九，酒十九尊，設綵仗行禮。奉移則陳楮幣三萬，饌筵十三，羊、酒各五。不直班官員跪迎十里外，竢過隨行。次日行奉安禮，如奉移儀。

十三年，太宗懿靜太貴妃博爾濟吉特氏薨，帝摘冠纓，躬詣致祭，餘同太妃儀。

三十五年，溫僖貴妃鈕祜祿氏薨，輟朝五日。命所生皇子成服，大祭日除，百日薙髮，餘如制。

雍正三年，敦肅皇貴妃年氏薨，輟朝五日。特簡王公大臣典喪儀，遣近支王公七，內務府總管一，散秩大臣二，侍衞九十，內府三旗佐領，官民男女咸成服。大祭日除，薙髮。日三設奠，內外齊集，百日後至未葬前，日中一設奠，朔望仍三奠，命內管領妻祭酒三爵。奉移日，禮部長官祭轝。金棺啓行，王公百官從。禮部長官祭所過門、橋。初祭陳楮幣十八萬，帛九千，畫緞千，饌筵三十五，羊、酒各二十一。大祭同。

又定貴妃晉封皇貴妃，未受册封前薨，罷製金册寶，以絹册寶書謚號。遣正、副使讀文致祭，先期遣告太廟後殿、奉先殿。屆日內外會集，正、副使赴內閣詣册寶案前一跪三叩，奉册寶出，至午門外陳綵輿內，復三叩。校尉舁至殯宮大門外，正、副使行禮如初。奉册寶入中門，陳案上。正使詣香案前三上香，宣訖，讀文致祭如儀。乾隆二年，奉移金棺從孝敬后葬泰陵。

八年，壽祺皇貴太妃佟佳氏薨，禮部以輟朝五日請，詔改十日。摘冠纓，親詣行禮，諡慤惠，餘同貴妃儀。

二十九年，忻妃戴佳氏薨，詔加恩如貴妃例治喪。先是，晉封時金册寶已鐫字，未授受，至是陳設金棺前，其絹册寶增書貴妃字焚之。又諭：「嗣後貴妃以上薨逝，王公大臣俱步送暫安處，妃、嬪豫往，滿大臣年老艱步履者如之。」故事，皇貴妃金棺至園寢，始製神牌，甚稽時日，三十三年諭：「嗣後遇大祭，卽往園寢製造，竢金棺至，刻字塡靑，大學士等監視。奉安後，陵寢官朝服行禮，奉設饗殿。著爲令。」

四十年，奏定皇貴妃以下五等喪。凡請輟朝、素服日期，傳行內外齊集，請遣承祭大臣，奉安地宮前期祭告陵寢及金棺前，並所過門、橋奠酒諸事，均禮部掌行。其追封贈諡製牌，會同二部奏辦，餘歸內府掌儀司牒禮、工二部襄治之。

四十九年，裕皇貴太妃耿氏薨，詔罷朝，仍親詣奠酒行禮，諡純懿，餘如故。

嘉慶四年，慶貴妃陸氏薨，帝念其撫育如生母，特追封慶恭皇貴妃，下所司議贈謚典禮。尋議上，豫期工部製絹册寶，寢陵官製神牌，遣告太廟、奉先殿暨高宗几筵，竢高宗梓宮移山陵次日，遣正、副使詣園寢配殿致祭。九年，議定皇貴妃喪，罷坤寧宮致祭酌減爲五日，貴妃二日，妃、嬪不停止。

道光十三年，仁宗誠僖皇貴妃劉氏薨，不輟朝，不素服，命僧格林沁穿孝，謚和裕。

同治五年十一月初七日，琳皇貴太妃烏雅氏薨，會初十日慈禧太后萬壽，命大內、宗室王公百官展期十二日素服一日。

清史稿卷九十三

志六十八

禮十二 凶禮二

皇太子皇子等喪儀　親王以下及公主以下喪儀
醇賢親王及福晉喪儀　忌辰　賜祭葬　賜謚
外藩賜卹　品官喪禮　士庶人喪禮　服制

皇太子皇子及皇子福晉喪儀　皇太子喪儀，有清家法，不立儲貳。至乾隆三年，皇次子永璉薨。高宗諭曰：「永璉爲朕嫡子，雖未册立，已定建儲大計，其典禮應視皇太子行。」禮臣奏言：「皇太子喪禮，會典未載。舊制，沖齡薨，不成服。今議，皇帝素服，輟朝七日。若親臨奠醊，冠摘纓。典喪大臣、奏遣之王公暨皇太子侍從官咸成服，內務府佐領、內管領下護軍、驍騎校等成服，以六百人爲率，並初祭日除。直省官奉文日，咸摘冠纓素服三日，停嫁娶、輟音樂，京師四十日，外省半之。幼殤例無引旛，今請依雍正時懷親王喪儀，引旛仍用。外藩額駙、王、公、台吉、公主、福晉、郡主服內來京，男摘冠纓，女去首飾。朝鮮使臣素服七日。金棺用桐木。」啓奠帝親祭酒，奉移親視送。禮部長官祭轝。初祭內外會集，帝至殯殿奠酒三爵，每奠衆一拜，是日除服薙髮。將册謚，先期遣告太廟後殿、奉先殿，謚曰端慧。禮成。禮部頒行各省，並牒朝鮮國王，文到率百官素服，軍民罷嫁娶、音樂各三日。八年，葬朱華山園寢。

皇子喪儀，順治十五年，榮親王薨，治喪視親王加厚，葬黃花山園寢。

康熙中，定制，凡皇子殤，備小式朱棺，祔葬黃花山，唯開墓穴平葬，不封不樹。

雍正六年，皇八子福惠卒，帝輟朝，大內素服各三日，不祭神，詔用親王禮葬。十三年，追封親王，謚曰懷。

乾隆十三年，皇子永琮甫二周薨，帝言：「建儲之意，朕雖默定，然未若端慧太子旨已封貯，喪儀應視皇子爲優。」大祭親臨奠醊，謚悼敏，後追封哲親王。

越二年，皇長子永璜薨，金棺用杉木，其福晉及皇孫緜德等翦髮去首飾，成服百日而除，素服二十七月。成服王公大祭日除。禮部以第三日移殯，請輟朝三日，詔改五日，追封定親王，謚曰安。初祭、大祭並親臨奠醊。

二十五年，皇三子永璋薨，詔用郡王例治喪，輟朝二日。大內、宗室素服咸五日，不祭神。追封循郡王。

四十一年，皇十二子永璂薨，詔用宗室公例治喪。嘉慶四年，追封貝勒。

道光十一年，皇長子奕緯薨，命依皇子例治喪。罷公主、福晉、命婦會集，園寢不建碑，追封貝勒，謚曰隱志。三十年，晉封郡王。

皇子福晉喪，定制，親王世子、多羅郡王下及奉恩將軍、固倫公主、和碩福晉下及固山格格、奉恩將軍妻咸會集。朝供饌筵，午果筵。初祭引旛一，楮幣十二萬，饌筵二十五，羊十五，酒七尊，讀文致祭。繹則陳楮幣三千，饌筵十二，羊、酒各七。百日、周年、四時致奠禮同。

嘉慶十三年，宣宗時爲皇次子，其福晉鈕祜祿氏薨，帝命卽日成服，初祭後除。未分府皇子福晉依親王福晉例，金棺、座罩皆紅色，以無儀仗，特賞金黃色座罩，儀仗仍視親王福晉例用，旗色用鑲白，著爲令。

道光七年，皇長子奕緯福晉瓜爾佳氏薨，罷內外齊集及豫往暫安處接迎。十一年，追封貝勒夫人，諏吉遣官奉紙册往殯所，讀文致祭。

親王暨福晉等喪儀　順治九年，定親王喪聞，輟朝三日。世子、郡王二日。後改貝勒以下罷輟朝。斂具，親王至貝勒采棺，藉五層。貝子至輔國公棺同，藉三層。鎮國將軍以下朱棺，藉一層。初薨陳儀衞，鞍馬、散馬親王十五，世子、郡王各十四，貝勒各十三，貝子各十二，鎮國公各十，輔國公各八；鎮國將軍鞭馬七，輔國將軍五，奉國將軍四，奉恩將軍三。府屬內外咸成服，大祭日除。內外去冠飾、素服會集，各如其例。鎮國將軍以下不會喪。公主、福晉、命婦會喪，臨時請旨行。凡親王至輔國公，御祭二，遣官至墳讀文致祭。宗人府請賜謚，撰給碑文。工部樹碑建亭，貝勒以下碑自建，給葬費有差。鎮國將軍至奉國將軍賜祭二，文一。立碑、予謚，臨時請旨。奉恩將軍賜祭無文，不立碑，不予謚。王至公婚娶之子卒，許陳鞍馬，祭品各如其父母例，唯不遣官致祭。未婚娶幼子不造墳。

凡葬期，親王期年，郡王七月，貝子以下五月。

又定親王福晉以下喪，內外會集如制，陳儀衞從其封爵，親王福晉、側福晉、世子福晉御祭一。

十二年，定下嫁外藩公主喪，御祭一，遣官至塋所讀文致祭。

康熙四年，定貝勒至入八分公予謚請旨行。

九年，定親王至輔國公喪，本府官屬具喪服，其禮親王、肅親王、承澤親王、敬謹親王、饒餘親王、鄭親王、克勤郡王、恪僖貝勒、靖寧貝勒、顧爾馬洪貝子、福勒黑公十二支，凡爲本支所分者，本身曁府屬官、命婦咸具喪服，非本支會喪者摘冠纓，從官如其主，奪屬無服。

五十二年，定貝勒生母薨，治喪如嫡夫人，遣官讀文致祭。五十四年，定固倫公主有子孫者，獲請建碑予謚。

雍正四年，遵旨議定嗣後皇帝子孫依五等服制，遇期服伯叔兄弟喪，依例具奏臨喪。其諸王以下，不論爵次，遇小功以上喪，會喪成服，期六十日、大功一月、小功七日除。乾隆三年，更定期服大祭日、大功初祭日、小功送殯日除。

二十一年，諭諸王側福晉予謚請旨行，予祭不踰一次，罷給祭文。三十六年，定貝勒、貝子、公兼一品職獲請予謚，鎭國曁輔國將軍兼一品職獲請賜䘏。四十年，定凡側福晉爲王等生母，獲請賜祭，降嫡福晉一等。五十六年，鎭國公晉昌夫人卒，詔罷賜祭，後倣此。

嘉慶十七年，貝勒緜懃子奕綬卒，命封爲未入八分輔國公，嗣後宗室如追封公，俱作爲未入八分，著爲令。

公主以下喪儀，順治九年，定固倫公主喪視親王福晉，和碩公主視世子福晉，郡主視郡王福晉，縣主視貝勒夫人，郡君視貝子夫人，縣君視鎮國公夫人。十二年，定下嫁外藩公主至縣主並給諭祭文，遣官赴墳讀奠。郡君以下，致祭無文。道光二十四年，定公主薨，內務府請旨，如命官爲治喪，一切典禮，卽會禮部具奏。得旨，再牒各署治辦，額駙自行治喪，禮部應將會集處奏聞。公主以下喪，會集臨時請旨，如獲請，牒宗人府、五旗傳行。未釐降受封者，內務府治喪，不會集。

醇賢親王及福晉喪儀　光緒十六年，醇親王奕譞薨，定稱號曰「皇帝本生考」，帝持服期年，縞素十有一日，輟朝如之。期年內御便殿仍素服。元旦謁堂子，詣慈寧宮，太和殿受朝，並禮服。唯升殿不宣表，樂設不作，罷宗親、廷臣筵宴。祭文、碑文書皇帝名。初祭、大祭暨奉移園寢並御青袍褂，冠摘纓，親詣行禮。又定廟制及祭葬，廟中殿宇及正門瓦色，中用黃琉璃，殿脊及正門四圍用綠琉璃。祀以天子禮。歲時饗，四仲月朔舉行，忌辰躬親致祭。葬以親王禮，帝親製碑文，諡曰賢。三十二年，其福晉葉赫那拉氏薨，稱「皇帝本生妣」，喪儀如醇賢親王例。

忌辰　順治十年，定盛京、興京三陵忌辰，遣守陵官行禮，獻酒果，不讀祝，不奠帛。十二年，改定忌辰遣官，禮部具題請旨。康熙三年，復定三陵忌辰在隆恩殿神牌前揭幔致祭。雍正四年，帝以聖祖喪滿，哀慕無窮，思依三年內祭禮舉行，下禮臣議。尋議上，依周年祭祀例，遣在京或陵寢王公大臣一人承祭，在京王公百官遣三之一陪祭。著爲令。十三年，高宗嗣服，議定聖祖忌辰，依陵寢四時大祭，用太牢，獻帛爵，讀祝文，遣官承祭，陵寢官悉陪祀，罷遣京官往。嗣後列聖、列后忌辰，永如例行。

定制，帝、后忌辰，內外俱素服，停宴會，輟音樂，不理刑名，帝詣奉先殿後殿上香行禮。如祀南郊，帝閱祝版，遇忌辰，御龍袍、龍褂，掛數珠，執事官蟒服、補褂，挂數珠。閱北郊、廟社暨各中祀祝版，則俱御龍褂，掛數珠，執事官咸補服，掛數珠。大祀齋期內，御常服，掛數珠，陪祀執事官亦如之。凡祭日遇忌辰，行禮時祭服作樂，禮畢仍素服。

賜祭葬　世祖初入關，沿崇德間例，超品公，一、二、三等公卒，遣官祭三次；子、副都統二次；參領、佐領一次。陣亡與有勳勞者，遣官治喪，出自上裁。

順治三年，定制民公、侯、伯、子兼任內大臣、都統、大學士、尙書、鎭守將軍卒，候旨立碑，致祭一次。襲公、侯、伯、子在任不踰三年，止給祭品，無祭文，不立碑。一、二、三品官卒，給祭品。滿任三年給祭文。有戰功者，獲請立碑。

十三年，定佐領、員外郎、主事任滿三年，給祭品、祭文，未滿者無祭文。致仕同。十五年，定部、院長官加秩至一、二品，致祭、立碑。三品滿三年者如之。未滿，但致祭而已。護軍統領、副都統、前鋒統領、步軍總尉考滿視三品。如爲男爵，得致祭、立碑。參領、前鋒參領滿三年，致祭，不立碑。四品卿、少卿考滿者同，否則不給祭文。陣亡不論品級，獲請恩卹。內大臣、都統、大學士、尙書、護軍統領、副都統、前鋒統領、侍郎、學士、步軍總尉原品休致者，致祭、立碑同。現任輕車都尉、佐領、騎都尉、郎中、員外郎、主事，致祭、無碑文。承襲公、侯、伯有職任者，依職任予卹，否則止給祭品。

十七年，定本身所得民公、侯、伯、子及都統有職任內大臣、鎭守將軍給全葬。大學士，尙書，左、右都御史加級及宮保者，視一品給全葬，無加銜、加級視二品給全葬。侍郎無兼銜、加級而考滿者，視三品給全葬，未滿者半之。四品卿、少卿或兼少卿銜，視四品，止給祭品。護軍統領、前鋒統領、副都統、步軍總尉任滿給全葬，未滿者半之，並致祭一次。武職自參領、文職自郎中以下，俱不給祭品。陣亡者如故。

十八年，定本身所得民公、侯、伯造葬，致祭一次，加祭出特恩。都統、內大臣、大學士、尙書、右都御史、子、鎭守將軍及加銜、加級至一二品官，俱依品級造葬，致祭一次。三品侍郎、學士、通政使、大理寺卿考滿者給全葬，未滿者半之，俱致祭一次。參領、協領、郎中、佐領及三等侍衞、護衞官陣亡者，致祭一次。漢文職一、二品或三品考滿，俱致祭、造葬，未滿者半之，致祭一次。在外布、按以上，依京秩例行。武職加銜副將以上，造葬，致祭一次，無兼銜而考滿者同，未滿者半之，致祭一次。知縣、守備以上陣亡者，各依加贈品級造葬，致祭一次。凡滿、漢文武原官致仕者，卹典同現任。

康熙九年，定本身所得及承襲公、侯、伯給全葬，遣官讀文，致祭一次。內大臣、都統、子品級散秩大臣、大學士、尚書、左都御史、子、世襲子、鎭守將軍、提督，各依品級給全葬，遣官讀文，致祭一次。男品級散秩大臣、護軍統領、前鋒統領、副都統、侍郎、本身所得男、學士、副都御史、總督、總兵官、加級至二品巡撫，各依所加品級給全葬，遣官讀文，致祭一次。三品侍郎、學士、副都御史、巡撫、通政使、大理寺卿，任滿給全葬，未滿者半之，俱遣官讀文，致祭一次。布政使給全葬，致祭一次。雲騎尉、三等侍衞以上，文職知縣、武職守備以上陣亡者，各依加贈品級給全葬，致祭一次。

道光二十四年，定賜祭王、公以下儀，祭日，堂中陳儀衞，靈座前置供案，陳賜祭物品，左右分陳自備祭品。案前設遣官奠位，東設祝案，北嚮，南設燎位，具楮帛。遣官至，喪主率宗親及屬官跪迎大門外，禮部官奉祭文入自中門，陳東案，遣官隨入，就位立，喪主以下皆就位跪。讀祝官讀文訖，遣官跪奠三爵，每奠一叩。鎭國將軍以下立奠，喪主率衆隨行禮。畢，興，舉哀，燎祭文。喪主率衆望闕謝恩，三跪九叩。遣官出，跪送大門外。

賜謚　親王例用一字，貝勒以下及文武大臣二字。郡王謚號，尙沿明制用二字，閒有用一字者。聖祖時，追謚郡王，滿、漢文俱用一字，遂爲定制。順治九年，定親王以下喪聞，宗人府請謚，內院撰擬碑文。康熙四年，定諸王賜謚，封號上加一字，貝勒以下、入八分公以上，予否請旨行。乾隆三十六年，遵旨議定貝勒至輔國公兼一品職者予謚，仍請旨。其兼二品以下職曁不兼職者罷予謚。

定制，一品官以上予否請上裁，二品官以下不獲請。其得謚者，率出自特旨，或以勤勞，或以節義，或以文學，或以武功。破格崇褒，用示激勸。嘉、道以前，謚典從嚴，往往有階至一品例可得而未得者。世宗朝，一等公福善，大學士魏裔介，將軍佛尼勒、莽依圖，都統馮國相，尙書湯斌、徐潮、瑪爾歷輩，望實素高，入祀賢良。逮至高宗初元，始獲追謚。易名盛典，殊不易得。

令甲，得謚者禮部取旨，行知內閣典籍撰擬。至穆宗朝，大學士卓秉恬改歸漢票籤，唯侍讀司之。大學士及翰林授職者，始得謚「文」，亦有出自特恩而獲謚文者。侍讀擬八字，大學士選四字，餘則擬十六字，大學士選八字，並請上裁定。武臣有謚文者，如領侍衞內大臣索尼獲諡文忠，異數也。唯「文正」則不敢擬，出自特恩。文職內自三品卿、外自布政使以下，例不予諡。唯御史陸隴其諡清獻，侍講學士秦承業諡文慤，太常卿唐鑑諡恪慎，則以崇尚儒臣，篤念師傅，不爲恆式。

咸豐三年，禮臣奏定文職二品官殉難，視一品予諡。如按察使優卹，禮部亦得援例以請。軍興而後，道、府、州、縣等官死綏不少，疆臣疏請，不拘常格矣。其武職死事，參將以下，視副將議卹；協領以下，視副都統議卹：皆得援新章奏請。唯武功未成者，不得擬用「襄」字。至十二年，諭：「嗣後文武各官，其官階例不予諡者，不得率行奏請。」至是限制稍嚴。

光緒四年，貴州巡撫黎培敬爲已革總督賀長齡請諡。詔以易名之典，不容冒濫，嚴切申儆，且下培敬吏議。亦有得諡而被奪者，若沈德潛、卞三元，或追論其生平，或敗露於身後，削秩仆碑，以示誡也。

至朝鮮國王諡號，曏亦內閣撰擬，嗣以所擬之字有觸其國王先代名諱，則改由其國自擬八字以進，請帝裁定云。

外藩賜卹　順治十三年，定蒙藩親王等喪，遣官賚祭文至塋所宣讀致祭，喪主率屬跪迎。禮畢，望闕謝恩，行三跪九拜禮。自王以下，致祭如前儀，唯牲醴物品，則依其爵爲隆殺。著有勛勞者，建碑優卹，特遣大臣、侍衞，出自恩旨。親王、郡王福晉喪，遣祭如儀。貝勒至公夫人，並遣祭，無祭文。

其朝鮮國王母妃、王妃、世子喪訃至，禮臣請賜卹，遣正、副使賫祭品、香鈔諭祭。乾隆五十一年，國王世子李暐喪，禮部奏聞。詔以朝鮮世守藩封，最稱恭順，命倍給祭品，示優卹。嘉慶十年，國王李玜曾祖母莊順王妃訃至，賜祭一次。琉球、越南國王卒，告哀，遣使諭祭，並給銀絹。母、妃、世子喪，俱不告哀，不賜卹。使臣來京病歿，則題請卹典，賜棺及祭，歸葬者聽。

品官喪禮　定制，有疾遷正寢，疾革書遺言，三品以上官具遺疏，旣終迺哭。立喪主、主婦。護喪諸執事人治棺，民公采板，侯、伯、一品官以下朱棺。訃告。設尸牀、帷堂，陳沐具。迺含。三品以上用小珠玉，七品以上用金木屑五。襲衣，常服一稱，朝衣冠帶各以其等。明日小斂，陳斂牀堂東，加斂衣，三品以上五稱，複三、襌二；五品以上三稱，複二、襌一；六品以下二稱，複、襌各一：皆以繒。複衾一。又明日大斂蓋棺，設靈牀柩東，柩前設靈座，陳奠几，喪主及諸子居苫次，族人各服其服。

朝夕奠肴饌，午餅餌。遇朔望，則朝奠具殷奠，肴核加盛。初祭，陳饌筵羊酒，具楮幣。公筵十五席，羊七，楮四萬；侯筵十二，楮三萬六千；伯筵十二，楮三萬二千：羊俱六。一品官筵十，羊五，楮二萬八千；二品筵八，羊四，楮二萬四千；三品筵六，楮二萬；四品筵五，楮萬六千：羊俱三。五品筵四，楮萬二千；六、七品筵三，楮萬：羊俱二。

族人齊集，喪主以下再拜，哭奠如禮。卒奠，大功者易素服，大祭同。初祭，期服者易素服，百日致奠薙髮，三月而葬。

一品塋地九十步，封丈有六尺，遞殺至二十步封二尺止。繚以垣。公、侯、伯周四十丈，守塋四戶；二品以上周三十五丈，二戶；五品以上周三十丈，一戶；六品以下周十二丈，止二人守之。公至二品，用石人、望柱曁虎、羊、馬各二；三品無石人，四品無石羊，五品無石虎。其墓門勒碑，公、侯、伯螭首高三尺二寸，碑身高九尺，廣三尺六寸，龜趺高三尺八寸。一品螭首，二品麒麟首，三品天祿辟邪首。四至七品圓首方趺，首視公、侯、伯遞殺二尺至尺八寸止，碑身遞殺五寸至五尺五寸止，廣遞殺二寸至二尺二寸止，趺遞殺二寸至二尺四寸止。刻壙誌用石二片，一爲蓋，書某官之墓，一爲底，書姓名、鄉里、三代、生年、卒葬月日及子孫葬地。婦人則隨夫與子孫封贈。二石相嚮，鐵束，埋墓中。

製柩轝，上用竹格，結以綵，旁施帷幔，四角垂流蘇，繒荒、繒幃並青藍色。公、侯、伯織五采，一、二品用銷金，五品以上畫雲氣，六、七品素繒無飾。承以槓，五品以上髹朱，六、七品飾紅堊，障柩畫翣，五品以上四，六、七品二。引布二，功布一，靈車一，明器則從俗。

諏日發引，前夕祖奠，翌日遣奠，會葬者畢集。公鞍馬八，遞殺至二數。儀從前導，引以丹旐、銘旌，滿用丹旐，漢用銘旌。至墓所，廼窆。祀后土，題主，奉安，升車，反哭，廼虞。羊、酒、楮帛各視其等。祭畢，柔日再虞，剛日三虞。百日卒哭，次日祔家廟。期年小祥，再期大祥，遷主入廟。祝讀告辭，主人俛伏五拜。訖，改題神主，詣廟設東室，奉祧主藏夾室。廼徹靈座。後一月禫。喪至此計二十有七月。喪主詣廟祗薦禫事。

其在外聞喪者，訃至，易服，哭，奔喪。至家憑殯哭，翌日成服。喪期自聞訃日始。餘同。期以下聞喪，易服爲位而哭，奔喪，則至家成服。官在職，非本生父母喪，雖期，猶從政，不奔喪。聞訃，易服爲位而哭，私居持服，入公門治事仍常服。期喪者，期年不與朝、祭。服滿，則於私居爲位哭，除之。

順治九年，定百官親喪祭禮以其子品級，子視父母，命婦視夫同。

康熙二十六年，禁居喪演戲飲博。凡官卒任所，或父母與妻喪，許入城治事。

乾隆間，諭京旗文武官遇親喪，百日後卽入署治事，持服如故。罷與祭祀、朝會。

道光二十四年，定民公以下、軍民以上居喪二十七月，不讌會、作樂，不娶妻、納妾，門戶不換舊符。

宣統元年，禮部議畫一滿、漢喪制，自是滿官親喪去職，與漢官一例矣。

士庶人喪禮　順治初年，定制，士、庶卒，用朱棺，櫬一層，鞍馬一。初祭用引旛，金銀楮幣各一千，祭筵三，羊一。大祭同。百日、期年祭，視初祭半之。一月殯，三月葬。墓祭紙幣、酒肴有定數。通禮，士斂衣複襌各一，複衾一，襲常服一稱，含用金銀屑三，用銘旌。庶人複衾一，含銀屑三，立魂帛。士塋地圍二十步，封高六尺。墓門石碣，圓首方趺。壙誌二，如官儀。柩轝上竹格垂流蘇，楨飾紅堊，無翣。引布二，功布一。靈車一。明器從俗。庶人塋地九步，封四尺。有誌無碣。轝以布衾覆棺，不施幃蓋。楨兩端飾黑，中飾紅堊。餘略仿品官，制從殺。

雍正初元，定軍、民故者，前後斂衣五襲，鞍馬一。初祭，祭筵二，羊一，大祭同，常祭減半。棺罩生、監用青絹，軍、民春布。

十三年，詔曰：「朕聞外省百姓喪葬侈靡，甚至招集親隣，開筵劇飲，名曰鬧喪，且於喪所殯時雜陳百戲。匪唯背理，抑亦忍情。」敕督撫嚴禁陋習，違者治罪。又諭：「吉凶異道，不得相干。故娶在三年外而聘在三年內者，春秋猶以爲非。三年之喪，創深痛鉅。迺愚民不知禮教，慮服喪後不獲嫁娶，遂乘父母疾篤或殯斂未終而貿然爲之者，朕甚憫焉。自今伊始，齒朝之士，下逮生監，毋違此制。其皁隸編氓，窮而無告，父母臥疾，賴子婦治饔飧者，任其迎娶盥饋，俟疾瘳或服竟再成婚禮。」古者禮不下庶人，其斯之謂歟？曾子問：「親迎在途而壻之父母死，女改服布深衣、縞總以趨喪。」亦此義也。

服制　順治三年，定喪服制，列圖於律，頒行中外。道光四年，增輯大清通禮，所載冠、服、絰、屨，多沿前代舊制。制服五：曰斬衰服，生麻布，旁及下際不緝。麻冠、絰，菅屨，竹杖。婦人麻屨，不杖。曰齊衰服，熟麻布，旁及下際緝，麻冠、絰，草屨，桐杖。婦人仍麻屨。曰大功服，麤白布，冠、絰如之，繭布緣屨。曰小功服，稍細白布，冠、屨如前。曰緦麻服，細白布，絰帶同，素屨無飾。

敍服八：曰斬衰三年，子爲父、母；爲繼母、慈母、養母、嫡母、生母；爲人後者爲所後父、母；子之妻同。女在室爲父、母及已嫁被出而反者同；嫡孫爲祖父、母或高、曾祖父、母承重；妻爲夫，妾爲家長同。

曰齊衰杖期，嫡子、衆子爲庶母；子之妻同；子爲嫁母、出母；夫爲妻；嫡孫祖在爲祖母承重。

曰齊衰不杖期，爲伯、叔父、母；爲親兄、弟；爲親兄、弟之子及女在室者；爲同居繼父兩無大功以上親者；祖爲嫡孫；父、母爲嫡長子及衆子；爲嫡長子妻；爲女在室者，爲子之爲人後者；繼母爲長子、衆子；孫爲祖父、母；孫女在室、出嫁同；女出嫁爲父、母；爲人後者爲其本生父、母；女在室或出嫁而無夫與子者爲其兄、弟、姊、妹及姪與姪女在室者；女適人爲兄、弟之爲父後者；婦爲夫兄、弟之子及女在室者；妾爲家長之父、母與妻及長子、衆子與其所生子。

曰齊衰五月，爲曾祖父、母，女雖適人不降。

曰齊衰三月，爲高祖父、母，女雖適人不降；爲繼父昔同居者；爲同居繼父兩有大功以上親者。

曰大功九月，祖爲孫及孫女在室者；祖母爲諸孫，父、母爲諸子婦及女已嫁者；伯、叔父、母爲姪婦及姪女已嫁者；爲人後者爲其兄、弟及姑、姊、妹在室者；旣爲人後，於本生親屬皆降一等；爲人後者之妻爲夫本生父、母；爲己之同堂兄、弟及同堂姊、妹在室者；爲姑、姊、妹已嫁者；爲兄、弟之子爲人後者；女出嫁爲本宗伯、叔父、母；爲本宗兄、弟及其子；爲本宗姑、姊、妹及兄、弟之女在室者；妻爲夫之祖父、母及伯、叔父、母。

曰小功五月，爲伯、叔祖父、母；爲同堂伯、叔父、母及同堂姊、妹已嫁者；爲再從兄、弟及再從姊、妹在室者；爲同堂兄、弟之子及女在室者；爲從祖姑及堂姑在室者；祖爲嫡孫婦；爲兄、弟之孫及孫女在室者；爲外祖父、母；爲母之兄、弟、姊、妹；及姊、妹之子；爲人後者爲其姑、姊、妹已嫁者；婦爲夫兄、弟之孫及孫女在室者；爲夫之姑、姊、妹、兄、弟及夫兄、弟之妻；爲夫同堂兄、弟之子及女在室者；女出嫁爲本宗堂兄、弟及姊、妹在室者。

曰緦麻三月，祖爲衆孫婦；祖母爲嫡孫、衆孫婦；高、曾祖父、母爲曾、玄孫；爲乳母；爲族曾祖父、母，族伯、叔父、母；爲族兄、弟及族姊、妹在室者；爲族曾祖姑及族祖姑、族姑在室者；爲兄、弟之曾孫及曾孫女在室者；爲再從兄、弟之子及女在室者；爲祖姑、堂姑及再從姊、妹出嫁者；爲姑之子、舅之子；爲兩姨兄、弟；爲妻之父、母；爲壻；爲外孫及外孫女；爲兄、弟孫之妻；爲同堂兄、弟之妻；爲同堂兄、弟子之妻；婦爲夫高、曾祖父、母；爲夫伯、叔祖父、母及夫祖姑在室者；爲夫堂伯、叔父、母及堂姑在室者；爲夫同堂兄、弟及同堂兄、弟之妻；爲夫同堂姊、妹；爲夫再從兄、弟之子及女在室者；爲夫同堂兄、弟之女已嫁者；爲夫同堂兄、弟子之妻與孫及孫女在室者；爲夫兄、弟孫之妻及兄、弟之孫女已嫁者；爲夫兄、弟之曾孫及曾孫女在室者；女已嫁爲本宗伯、叔祖父、母及祖姑在室者；爲本宗從伯、叔父、母及堂姑在室者；爲本宗堂兄、弟之子及女在室者。

乾隆四十年，高宗特旨允以獨子兼祧，於是始定兼祧例。兼祧者從權以濟經，足補古禮之闕。會典服制別大宗、小宗，以大宗爲重。大宗依服制本條持服，兼祧依降服持服。

道光九年，禮臣增議兩祧服制，以獨子之子分承兩房宗祧者，各爲父、母服斬衰三年，爲祖父、母服齊衰不杖期。父故，嫡孫承重，俱服斬衰三年。其本身爲本生親屬俱從正服降一等，子孫爲本生親屬祗論所後宗支親屬服制。

同治十年，允禮臣請，兼祧庶母服制，依定制爲兼祧父、母服期，爲兼祧庶母服小功。其以大宗子兼祧小宗與以小宗兼祧大宗者，以大宗爲重。爲大宗庶母服期年，小宗庶母服小功。其以小宗兼祧小宗者，以所生爲重，爲本生庶母服期年，爲兼祧庶母服小功。至出嗣而非兼祧者，以所後爲重，爲所後庶母服期年，爲本生庶母服小功。旣降期而服小功，其兼祧庶母爲兼祧子持服亦如之。